기적의 시작

건국대통령 이승만 이야기
영화제작 과정
그리고
한·영 대역 각본

저자 ⓒ 2023 권 순 도
기획 / 영화제작 / 출판 PUREWAY PICTURES

글을 시작하며 ...

'자유'와 '번영'을 국민에게 안겨주고도,
'독재자'라고 비난 받아 온 건국대통령 이승만!
그의 외로운 싸움, 인간 이승만을 만나봅니다!

 우리는 이승만에 대해 얼마나 잘 알고 있을까요?
대한민국의 근현대사는 이승만 대통령 이전과 이후로 나눌 수 있습니다. 그가 나라를 이끌어 가기 이전, 우리나라는 5천년의 역사 중 거의 1천 번 외세의 침략을 당했습니다. 평균 5년에 한 번 꼴이었고, 국민들은 가난과 굶주림에 시달렸습니다.

 이승만 대통령 이후에는 진정한 개개인의 '자유'가 생겼고, 70여 년간 외세의 침략은 없었고, 세계 최빈국 중 하나였던 대한민국은 세계 10위권 경제대국으로 성장했습니다. 말 그대로 기적의 나라가 된 것입니다. 이것이 이승만 대통령을 '기적의 시작'이라 부를 수 있는 이유입니다.

 영화 '기적의 시작'은 이승만의 업적 중 그가 나라와 민족을 위해 기여한 일, 후대를 위해 남겨 놓은 유산에 중점을 맞춰 소개하는 다큐멘터리 영화입니다.

그 누구도 부인할 수 없는 이승만의 큰 업적은 독립운동, 자유민주주의 국가 건설, 6·25 전쟁을 승리로 이끌고 한미동맹을 맺어 국방문제를 해결한 일, '평화선'을 그어 일본의 독도침탈을 막은 일, 산업화의 기틀을 다진 일 등 헤아릴 수 없이 많습니다.

일반인들이 은퇴할 나이에 대통령이 되어, 사라질 위기에 놓인 나라를 '죽어가는 자식 무슨 수를 써서라도 꼭 살려 내겠다!'는 심정으로 끝까지 포기하지 않고, 살려 낸 이승만. 그의 모습에서 아버지의 마음, 국부의 헌신과 열정을 느낄 수 있습니다.

그동안 '독재자', '친일파', '남북분단의 원흉'으로 왜곡되어 외면 받고, 멸시 당하기도 했던 국부!
이승만 대통령을 영화와 책으로 만나 봅니다.
영화 '기적의 시작'은 20년에 걸쳐 취재한 내용을 바탕으로 완성했습니다.

이승만 대통령과 긴밀하게 큰일을 하며 나라를 구한 영웅 백선엽 장군님이 정정하셨던 2003년부터 촬영했고, 건국 전후와 6·25를 직접 겪으며 그 시대를 사셨던 분들, 이승만 대통령의 양아들로 이승만 대통령의 말년을 제일 가까이서 보내셨던 이인수 박사님 외 여러 역사의 산증인들이 나와 증언을 남겨주신 귀한 역사기록물입니다.

2023년 10월 국회 대강당 시사회를 시작으로 다음 날인 10월 27일부터 정식 개봉되어 극장상영을 시작했습니다.

  독립영화로 제작되어 자금력이 여러모로 약해 영화 제작은 완료하였으나, 별도로 홍보에 투입할 자금은 턱 없이 부족했습니다. 서울 두 개 극장에서 시작한 상영은 입소문을 통해 상영을 이어나갔고, 수차례 연이어 수 백석이 매진되어, 그 다음 해인 2024년 2월 22일 CGV, 메가박스, 씨네Q에서 전국적으로 확장 상영이 되어 최다 137개 상영관에서 동시상영이 되었습니다.

  영화의 제작과정, 제작 시 어려웠던 점, 제작 후 배급 과정을 진솔하게 기록합니다. 어떤 일이든 진행하면서 항상 좋은 일만 있으면 좋겠지만 그렇지 않은 경우도 있습니다. 좋았던 일과 함께 좋지 않았던 일, 일어났던 크고 작은 실수를 기록해 놓았습니다. 비슷한 작품을 준비하는 많은 분들께 참고사항이 될 것이라 생각합니다.

  더불어 외국인이 이해할 수 있도록 영어 번역본을 함께 엮어 넣었습니다. 본 영화 영어 자막 본에는 길이의 제한으로 어쩔 수 없이 뺀 부분들이 있습니다. 외국인 입장에서는 충분한 설명이 기록되어 있는 본서의 영어 번역본이 이승만 대통령을 쉽게 이해하는데 도움이 될 것이라 생각합니다.

아무쪼록 대한민국의 많은 국민들이 국부 이승만에 대한 올바른 견해를 가지고, 제대로 된 역사관을 가지길 바랍니다.

좀 더 여러 분들께 친절하게 접근하기 위해 영화상 내레이션은 반말이 아닌 경어를 택했습니다. 제작과정을 소개하는 부분은 저의 일기이자 고백입니다. 그래서 제작 과정을 서술한 부분은 경어로 기록하지 않은 점을 미리 양지해 주시기 바랍니다.

이승만 대통령님의 사진의 경우 인터넷이나 여러 매체를 통해서 많이 접할 수 있으므로 이 책에는 따로 많이 넣지 않았습니다. 그 점 역시 양지해 주시기 바랍니다.

모든 일을 주관해 주시고, 인도해 주신 하나님께 먼저 감사드립니다.
영화 제작과 홍보를 위해 도움주신 분들은 헤아릴 수 없이 많습니다. 저의 어린 시절부터 많은 경험과 지식을 넓혀 활용할 수 있도록 지도해 주신 아버지 권주혁 박사님께 감사드립니다.

대한민국 근현대사에 대한 여러 귀한 기록을 남길 수 있도록 생전에 많은 도움과 조언을 아낌없이 주셨던 백선엽 장군님, '22년 12월부터 영화를 위해 함께 해 주신 대한역사문화원 김재동 원장님 외 회원 분들, 생생한 삶의 체험을 증언해 주신 황장엽 선생님, 손동희 권사님, 전자열 장군님, 황대형 선생님, 뉴데일리 인보길 대표님, 깊이 있는 인터뷰로 도와 주신 김병관 예비역 대장님, 정일화 박사님, 이주영 박사님, 신종태 교수님, 장삼열 박사님, 유지윤 박사님, 허영철 선생님, 김용삼 대기자님, 이병령 박사님, 이용희 교수님, 조평세 박사님, 김효선 선생님, 노영애 작가님 ('이승만의 비전' 저자),

 제작협조와 홍보로 도와주신 국민배우 임동진 목사님, KMA 역사포럼 김칠주 회장님, 소망교회 석태임 권사님, 프리덤칼리지 장학회 여러분, 해군사관학교 구국동지회 이석희 회장님과 회원님들, 배인철 선생님, 서단비 전도사님, 김재수 장로님, 오계환 장로님, 신기득 장로님, 오희수 집사님, 이규창 집사님, 이원영 장로님, 이미일 여사님, 권은희 사모님, 이유진 자매님, 김연희 여사님, 강성만 선생님, 유관모 장로님, 여주영 사모님, 유연주 작가님, 윤석용 전 국회의원님, 윤수현 박사님, 이갑수 선생님, 임호정 간사님, 트루스포럼 김은구 대표님, 월간지 '월드뷰' 김승욱 대표님, 조선일보 신정선 기자님, 주간신문 '크리스천투데이' 이대웅 기자님, 영화 시사회 때부터 오셔서 축사와 격려를 보내주신 황교안 전 국무총리님, 위금숙 박사님, 신숙희 교수님, 이인호 박사님, 박현미 집사님, 박태남 선생님, 이용섭 선생님, 오수진 기자님, 조광형 기자님, 문호수 피디님, 영화의 조감독 Michael Gorey, 영어 감수에 도움을 주신 대전보건대학교 Christopher Maslon 교수님, 용산고등학교 22회 동창회 여러분 (아버지의 친구 분들),

학교 졸업 후 제가 만든 여러 편의 영화제작을 후원하고, 도와주신 김영주 권사님, 김정주 박사님, 김화평 목사님, 그리고 영화 '기적의 시작' 제작을 위해 1차적인 자료협조, 인터뷰로 많은 도움을 주신 이인수 박사님, 조혜자 여사님 외 여러 분들께 진심으로 감사의 말씀을 드립니다.

반 만 년의 역사를 가진 우리나라. 언제나 가난하고 굶주렸던 우리 민족이 그래도 입에 풀칠하고 잘 살게 된 기간은 1970년대부터 약 50년 정도 된다고 볼 수 있습니다.

나라 역사의 1% 정도 되는 기간 동안만 잘 산 것입니다. 북한은 아직도 해당되지 않으니 거기서 반을 또 나누면, 우리민족 역사의 0.5% 기간 동안만 잘 살고 있습니다. 원래부터 가난했던 약소국이 미래에 가난하게 살 확률이 높을까요? 아니면 지금처럼 번영하면서 살 확률이 높을까요? 지금의 번영이 후대에도 이어질 수 있도록 하기 위해서는 왜 번영하게 되었는지, 누가 진짜 애국하며 기여하였는지를 정확히 알고 그들의 정신, 열정과 성실을 본받아 이어 나가야 합니다. 저의 작품들이 그런 안목을 줄 수 있는 도구가 되길 소망해 봅니다.

영화 '기적의 시작' 감독 겸 제작자 권 순 도

'기적의 시작' 공식 포스터.

목차

1. 추천사 ·· 10
2. 왜 이승만 영화인가? ···························· 12
3. 폭동과 3개국에서 겪은 내전 ················· 18
4. 험난했던 제작과정 ······························· 26
5. 서울 두 개 극장에서 전국 상영까지 ········ 40
6. OTT로 이어지는 상영 ··························· 56
7. 차기작 준비 ··· 56
8. 한국어 각본 ··· 60
9. English translation of the film script ········ 133
10. 광고와 차기작 후원자 명단 ··················· 246

1. 추천사

정 성 구 (전 총신대·대신대 총장)
영화를 보고 눈물이 왈칵 쏟아졌습니다.
이것은 우리에게 큰 감동이고, 오늘을 살아가는 우리 대한
민국의 방향을 정해주는 아름다운 영화라고 생각합니다.

이 영 일 (전 국회의원)
공직생활, 정치도 오래 해 봤습니다만 다큐멘터리가
이만큼 감동을 주는 경우는 처음 봤습니다.
제일 마지막 부분에서는 저도 눈시울이 뜨거워져서
굉장히 힘들었습니다.

황 교 안 (전 국무총리)
우리가 정말 대한민국을 지켜냈던 애국자들의 공, 수고,
노고, 땀과 피를 잊지 말아야 합니다. 너무 우리가 잘 살
게 되니까 오히려 잊고 말았어요. 그래서 건국의 대통령,
그의 정신을 이어갔으면 좋겠습니다.

홍 수 환 (전 WBA 챔피언)
영화를 제가 직접 보고, 사실 눈물 흘렸습니다.
그토록 대한민국 건국, 독립을 원하셨던 분 ...

주 호 영 (국회의원)
그 시대에 우리나라에 꼭 필요했던,
하늘이 주신 대통령이라고 생각을 해 왔고,
그것을 다시 확인하는 소중한 시간이었습니다.

백 남 희 (백선엽 장군의 딸)
감격적이었어요. 그리고 저희가 이승만 대통령님에
대해 많이 오해한 점이 풀렸으면 좋겠네요.

이 인 호 (서울대학교 명예교수)
아주 감동적인 장면이 많았고, 이승만 대통령에 대해서
너무 모르고, 잘못 알고 있는 우리 국민, 특히 젊은 세대
를 계몽시키는데 굉장히 큰 기여를 할 수 있을 거라 믿습
니다.

2. 왜 이승만 영화인가?

　대한민국을 건국한 국부, 6·25 전쟁에서 공산화를 막아내고도 홀대받는 이승만 대통령에 대한 영화는 지금부터 20년도 더 지난 2003년 즈음 필자의 아버지께서 제작할 것을 권유하셨다.

　그때 당장 제작을 할 수 없었던 많은 이유가 있지만 크게 보자면 두 가지였다. 하나는 필자의 인지도와 능력 부족으로 인한 한계. 제작비 모금도 어려웠고, 만들었다 하더라도 작품이 나왔다고 알리고, 관객들을 끌어 모으는 … 홍보하는 일은 별개의 어려운 문제였다.

　또 한 가지 이유는 그 당시 다큐멘터리 영화는 극장에서 거의 취급하지 않았던 시기였다. '영화' 또는 '극장상영작'이라고 하면 자동적으로 배우가 출연하는 '극영화'만 떠올리는 게 상식으로 통하던 시절이었다. 그 시절 다큐멘터리라고 하면 극장이 아닌 TV 방송으로 보는 것으로 생각하여 '그냥 방송으로 봐야 할, 돈 주고 보면 안 되는 작품' 정도로 취급받았다. 2000년대 초기만 해도 극장에 다큐멘터리 영화가 상영된다는 것은 극히 드문 예를 빼고는 상상하기 힘들었다. 다큐멘터리 영화들이 극장에 활발히 배급되고, 관객들이 찾아보기 시작한 것은 2000년대 말 즈음 부터였다.

따라서 아버지께서 영화로 만들어 보라고 권유하셨을 시점에는 '극영화를 만들라' 하시는 것으로 들렸는데, 더더욱 엄두가 나지 않았다. 충분한 제작비가 있었다한들 90년 인생을 사시며 수 없이 큰일을 많이 하신 거인의 어떤 부분을 어떻게 영화로 만들어야 할지도 엄두가 나지 않았다.

하지만 '극영화를 만들려 해도 1차적 기록과 자료가 준비되어 있어야 할 텐데 …' 하는 생각이 들었다. 그래서 이승만 대통령을 만나 봤거나, 그 분과 일을 해 보셨던 분들을 뵈면 인터뷰를 영상으로 기록해 두었다. 그때 그런 기록들은 '다큐멘터리 작품으로 언젠가 완성하겠다'라는 목표를 가지고 한 것이 아닌(!) 언젠가 만들지 모르는 극영화를 위한 막연한 기록과 준비였다.

요즘은 시대가 좋아져서 영화제작에 필요한 장비나 기술이 하루가 다르게 너무나 빨리 발전한다. 필자가 대학교에서 영화제작 전공을 할 시기만 해도 '앞으로 영화제작에 필름을 계속 쓸 것인가? 다른 기술이 이를 대체할 것인가?'에 대한 논의가 학생들 사이에서 한참 있었다. 많은 예산이 필요한 필름 작업이 디지털 작업으로 대체되면서 우리 모두 엄청난 문명의 혜택을 받고 있음을 느낀다. 필자는 시대를 잘 타고 났다는 것에, 다큐멘터리 영화도 극장에서 환영받는 시대가 된 것에 깊이 감사한다.

이 같은 이유로 필자는 오래 전부터 이승만 대통령을 접해 보셨던 분들을 인터뷰해 당시 주류 기록매체였던 6mm 디지털 비디오 테이프에 촬영해 보관해 왔다. 다시 찍을 수 없는 귀한 기록들이 지금에 와서는 효자 노릇을 톡톡히 하고 있다.

부친의 소개로 백선엽 장군을 처음 만났던 순간.
2003년 8월.

필자는 원래 극영화 제작·연출을 전공했다. 그런데 뜻하지 않게 다큐멘터리 작품을 많이 만들어 '다큐멘터리 감독'으로 알려지기도 했다. 다큐멘터리를 원래부터 찍고 싶었다기보다는 상대적으로 예산이 덜 들어가 다큐멘터리를 찍기 시작한 이유도 있고, 과거 특정 사건의 증언자분들이 연로하셔서 빨리 기록으로 남기려고 만든 경우도 있다.

그런데 여러 작품을 하면서 다큐멘터리만 가진 매력을 느끼게 되었다. 그것은 '사건이 일어나는 중이거나, 인물이 생존해 있을 당시 찍어두면 좋은 작품을 만들 수 있는데, 안 찍어두면 제대로 만들기도 어렵고, 다시 찍기도 어렵다'는 것이다.

남들이 관심을 덜 가지지만 언젠가 누군가에게 꼭 필요한 이야기, 우리가 당연하게 느끼고, 마치 영원히 반복될 것만 같은 순간이나 현상을 기록해 두면 후에 남들이 찍을 수 없는 귀한 작품으로 제작할 수 있는 가능성이 높아진다. 극영화야 언제든 예산만 있으면 각본을 써서 배우들을 데리고 찍을 수 있다. 그것에 비하면 다큐멘터리는 '꼭 특정 시간과 공간에서 기록해 두면 좋은 특성'을 가지고 있어 이는 다큐멘터리만이 가지는 독특한 매력이라 할 수 있겠다.

다큐멘터리 작품을 위해 필자는 인터뷰 대상을 취재할 때 역사책을 통해 쉽게 볼 수 있거나, 다른 누군가가 대신 대답할 수 있는 것을 질문하는 대신, 비록 그것이 시시콜콜한 내용이라 하더라도 당사자만 보고 느꼈던, 당사자만 할 수 있는 대답을 유도해 내어 기록했다.

이승만 대통령에 대한 영상물들은 그분의 실수만 조명하거나, 왜곡해 부풀린 것이 대부분이다. 이승만 대통령 영화 제작을 최초로 권유 받은 지 십 수 년의 시간이 흐른 시점에도 이러한 상황은 나아지지 않았다. 어찌 보면 그래서 제작방향의 힌트를 얻었다. 2022년 어느 날 갑자기 이승만 대통령의 다큐멘터리 영화를 제작하고자 하는 열정이 강하게 일어났다. 그리고 어떻게 만들지 큰 틀이 그려졌다. 이승만 대통령이 나라와 민족을 위해 기여한 일, 후대를 위해 남긴 그분의 업적과 유산을 중심으로 다루면 되겠다는 생각이 들었다.

영화 '기적의 시작' 제작 중 촬영모습.

내용의 큰 틀이 잡히자 당장 행동에 나섰다. 앞 서 두 작품을 함께 했던 대한역사문화원 김재동 원장께 뜻을 전했더니 흔쾌히 돕겠다는 의사를 전해 왔다. 영화 '기적의 시작'은 그렇게 본격적으로 시작되었다.

필자가 생각하는 이승만 대통령의 가장 큰 업적은 해방

이후에 이루어졌다고 생각한다. 물론 해방 이전에도 이승만은 보통 사람을 뛰어넘는 큰 위인이었지만, 그 분이 계신 시절 우리민족의 국력은 너무 미약하여 위인을 위인답게 만드는 것이 어려웠다. 위인이란 개인이 물론 뛰어나야 하지만 국력이 뒷받침 되어야 더 큰 뜻을 펼치고, 세계적으로 알려질 수 있다.

이승만 대통령은 영어에 능통했고, 미국을 비롯한 서방세계에 한국을 알리고, 한국이 왜 독립해야 하는지 알리는데 큰 기여를 했다. 이로 인해 1943년 카이로 회담에서 일본이 패전하면 한국을 독립시킨다는 발표를 한다. 국제사회에서 '한국의 독립'이 공식적으로 처음 언급된 것이다.

그러나 만약 미국을 비롯한 연합국이 제2차 세계대전에서 이기지 못했다면, 한국의 독립은 불가능했을 것이다. 또 우리나라가 독립을 못했으면 이승만은 하와이에서 여생을 학생들 가르치는데 보냈을 것으로 생각된다.

연합국이 전쟁에서 이겼기 때문에 카이로 선언의 이행도 가능했다. 또 카이로 회담에서 한국의 독립만이 언급된 것이 아니라 다른 여러 지역의 독립도 함께 언급되었었기 때문에 ... 우리나라 독립의 원인과 공을 이승만 대통령에게 집중해서 돌리는 것은 무리가 있다고 필자는 생각한다.

해방 이후 이승만은 우리나라를 이전과 전혀 다른 국가

로 만들었다. 자유민주주의 국가를 건설, 6·25 전쟁을 승리로 이끌고, 한미동맹을 맺어 국방문제를 해결했다. '평화선'을 그어 일본의 독도침탈을 막았고, 중공업 육성, 원자력 사업 시작 등으로 산업화의 기틀을 다져 미래의 산업을 마련해 주었다.

이러한 위대한 대통령의 공은 알리지 않고, 흠집을 내고 '악마화'하는 것은 큰 문제이다. 이제부터라도 역사를 바로잡고 알려야겠다는 생각이 들었다.

3. 폭동과 3개국에서 겪은 내전

'폭동과 3개국에서 겪은 내전'…
남의 이야기가 아닌 필자의 이야기이다.

필자의 작품을 접한 많은 분들로부터 흔히 듣는 질문은 '6·25를 겪은 세대도 아닌데, 왜 대한민국 근현대사에 관심을 가지고, 기록영화를 많이 만들게 되었느냐?'하는 질문이다. 극영화, 다큐멘터리 영화 장르를 떠나 대한민국 역사에 대해 기록하고자 하는 열정이 많은 것은 사실이다. 처음에는 사람들이 그저 통상적으로 하는 이야기겠거니 하고 흘려들었다가, 자꾸 그런 질문들이 반복되니 어느 날 필자는 곰곰이 자신을 되돌아보며 생각해 보게 되었다.
필자는 '평화와 전쟁'에 대해 사람들이 잘 인지하고 있지 못하지만, '이 둘은 어쩌면 너무 가까이 있지 않나?'하는 생각을 가지고 있다. 그래서인지 과거의 실수를 되풀이 하지 않고, 과거의 기록으로부터 배우려는 생각이 또래 다른 이들에 비해 강한 것 같다. 그리고 그 이유는 필자가 살아온 남다른 삶 때문인 것을 뒤늦게 깨달았다.

필자는 또래 친구들 또는 오늘을 살아가는 전형적인 한국인들과 비슷한 정서를 가지고 있기엔 너무나 다른 환경에서 자라, 다양한 삶의 경험을 하게 되었다.

어린 시절부터 해외 근무를 자주 하신 아버지를 따라다니며 생활하면서 국내외 학교 총 11개를 다녔다. 입학해서 끝까지 제대로 학교를 한 군데서 다닌 곳은 중학교와 대학교뿐이다.

어린 시절부터 오랜 기간 동안 생활한 솔로몬 제도에서 비상식적인 상황을 많이 접했고, 심한 경우 내전과 폭동까지 경험했다. 평화로웠던 공간은 순식간에 방화와 약탈이 난무하는 무법천지로 변했고, 순박해 보였던 사람들은 순식간에 폭도로 변했다. 위험을 피해 피난도 수차례 가야 했다. 영화에서 나올 법한 일들을 실제 직접 경험한 것! 우리나라 필자 또래 중 이런 경험을 해 본 이들이 얼마나 될까?

솔로몬 제도의 내전, 폭동 직후. 방화로 차량들이 전소된 모습.

솔로몬 제도의 내전, 폭동 직후. 불탄 상점들의 뼈대만 남았다.

남자의 경우 어릴 때 학교·학원 다니다가 대학교 가고, 비슷한 삶을 살다가, 군복무하고 나와 직장 얻어 결혼하지 않을까?

필자는 어린 시절부터 진짜 '피비린내'가 뭔지, 폭동의 공포가 뭔지를 직접 경험해 보았다. 대학졸업 후 군대에 입대해서는 UN 평화유지군으로 동티모르에 파병을 갔다. 내전이 막 끝나 비참해진 약소국의 모습에서 6·25를 간접 경험하는 것 같은 느낌을 받았다. 물론 6·25가 훨씬 위험하고 더 큰 비극이었겠지만 말이다.

작전 구역으로 이동하는 상록수부대 차량들.

UN 평화유지군으로 동티모르 파병 갔던 필자.

내전으로 파괴된 동티모르의 가옥들.

동티모르의 집, 건물이 많이 파괴되어 대부분 지붕이 없었다.

쿠웨이트 걸프전 격전지 방문 때 모습 (2023년)

 후에 배낭여행을 통해서이긴 하지만 폴란드·세르비아·보스니아와 같은 동구권 나라들, 이스라엘·시리아·요르단·쿠웨이트와 같은 중동 나라들, 베트남·캄보디아·미얀마 등 동남아 나라들이 전쟁을 치르며 겪어야 했던 비극의 현장도 찾아가 보았다.

 정도의 차이는 약하지만, 필자는 네팔 여행 중 내전으로 인한 피해를 보았다. 필자가 네팔을 방문했던 2005년에 반정부 집단인 '마오이스트'(Maoist - Mao Zedong / 마오쩌둥 / 毛澤東을 추종하는 공산집단)가 극성을 부렸다. 그들에게 걸리면 외국인 여행자는 가진 것들을 탈탈 털렸다. 탈탈 털린 여행자들에게 그들은 영수증을 발급해

기적의 시작 23

주었다. 나중에 자기들의 정부가 들어서면 갚겠다는 약속 증서였다.

마오이스트들은 시골 거지꼴로 손에 무기를 잡고, 다소 젠틀(?)하게 위협하며 강도짓을 하고 다니는 집단이었는데 … 후에 돈을 갚긴 뭘 갚겠나? 다행히 필자는 그들에게 걸리지는 않았다. 하지만 그들이 '포카라'라는 동네에서 수도 '카트만두'로 가는 육로를 막아 하는 수 없이 경비행기를 타고 이동해야 했다.

필자가 네팔에서 탔던 국내선 경비행기.

네팔 경비행기 내부.

안 그래도 고산 지대인데 거기서 비행기를 타고 또 올라가서 인지 생애 처음 귀 안에서 핏줄이 터져 마른 핏덩이가 귀를 꽉 막은 적이 있다. 두 달 가량 한 쪽 귀가 순식간에 벙어리가 된 것처럼 들리지 않아 우려했었다. 후에 알고 보니 이런 현상은 비행기를 자주 타는 조종사들에게는 꽤 자주 나타난다고 한다. 아무튼 그리하여 필자는 네팔 내전의 간접 피해를 받았다.

내전과 폭동을 두루 경험한 필자에게는 '남·북이 수십 년간 대치하는 상황에서 ... 우리나라 국민들이 정신 차리지 않으면 평화는 순식간에 사라질 수도 있다'는 생각과 '혹시 있을지 모르는 환란에 대비하자'는 생각이 있다. 물리적으로 환란에 대비하는 방법은 군사력을 기르고 유지하는 것이겠지만, 무기를 다루는 인간의 정신무장이 더 중요하다.

정신무장을 위해 올바른 역사를 알고, 상대방을 제대로 파악하고, 대비해야한다는 생각이 강하다.

어쩌면 필자는 직접 6·25를 겪어 봤던 세대의 분들과 비슷한 정서를 가지고 있을지도 모르겠다. 또 그래서 대한민국 근대사를 올바로 기록하고 알리자는 생각이 있는지 모르겠다.

4. 험난했던 제작과정

영화 '기적의 시작' 제작과정을 간략히 표현하자면 '좌충우돌의 연속'이라 할 수 있다. 우선 초기 의기투합한 제작 멤버들 중 영화제작에 대한 제대로 된 이해를 가지고 있거나, 영화계에서 일해 본 사람이 필자를 빼고 전무했다. 서로 같은 목적으로 의기투합해 모였으나, 이런 현실은 각자의 역할 분담을 모호하게 만들어 급기야 크고 작은 갈등이 여러 번 터지기도 했다.

영화제작에서 감독은 순수하게 영화 내용과 연출을 담당하고, 프로듀서는 감독이 연출과 창작활동에 집중할 수 있게 그 외의 모든 상황들을 정리해 주는 역할을 한다. 예를 들면 제작비 조달, 출연자 섭외, 촬영 장소 섭외, 촬영장소에서 필요한 물자 보급(의상·소품·촬영장비 대여, 식품 조달), 작곡가·편집자·분야별 스태프 구성, 영화가 완성되면 배급·홍보 지휘 등등이 있겠다.

감독은 영화 자체(군대로 치면 전방부대 역할), 프로듀서는 스태프를 꾸려 영화를 만들고, 배급할 수 있는 전반적 환경(후방부대 역할)을 만들어 주는 것이다. 그런데 영화 제작에 대한 이해가 없는 이들이 모여 일을 진행하다 보니 거의 모든 몫은 결국 감독인 필자의 몫이 되었다. 다른 멤버들로부터 기대할 수 있는 부분은 각본 감수, 제작비 모금·조달, 홍보활동의 일부분 정도로 지극히 한정되었다. 동지들은 있었으나 뭔가 홀로 뛰는 느낌은 어떻게 표현해야 할지 모르겠다. 그래도 뜻을 같이하는 동지들의 지원이 있어 기뻤다.

제작 중에 후원자 한 분의 소개로 임동진 국민배우님을 섭외하게 되었는데 이는 우리의 제작형편에 비해 매우 이례적인 일이라 할 수 있다. 제작 예산의 한계로 '기적의 시작'은 다큐멘터리 형태로 제작되었다. 그러나 이승만 대통령님께서 실제로 하신 발언이나 행동 중 영상이나 사진 기록으로 남아 있지 않은 부분은 재연을 통해서라도 관객들에게 소개하고 싶었다.

문제는 상황 재연 극은 전문 배우들이 매우 꺼리는 영역이라는 것이다. 이런 상황을 아는 필자는 감히 국민배우 분께 재연장면에 출연해 주십사 제안할 수가 없었다. 그것은 자칫 큰 결례가 될 수도 있기 때문이다. 그런데 그런 상황을 아는지 모르는지 후원자는 필자와 임동진 배우님이 만날 자리를 만들어 주었다. 상황을 전해들은 임동진 배우님은 의외로 매우 겸손하셨다. 재연장면 촬영은 문제되지 않았다. 다만 그 분의 생김새가 이승만 대통령과 많이 달라 이미지가 맞지 않아, 차라리 성우로 내레이션에 참여했으면 좋겠다고 하셨다. 거절인지 아닌지 분간이 어려웠다. 그러나 최소한 재연장면 촬영에 거부감이 없으신 것을 보고 필자는 힘을 얻었다. 극영화라면 이미지를 많이 따지겠지만, 다큐멘터리에서 당시 상황을 설명해 주는 보조적인 장면들이라 임 배우님께 '이승만 대통령의 외형적인 이미지를 생각 마시고, 그 분의 마음을 가슴으로 표현해 주십사' 부탁을 드렸다. 그 자리에서는 확답을 안 주셨는데 결국 참여해 주셔서 작품의 퀄리티가 많이 좋아졌다고 생각한다.

임동진 국민배우님의 합류.

후에 영화를 본 관객 분들의 의견은 엇갈렸다. 임동진 배우님 자체도 워낙 유명한 분이시라 이승만 대통령과 동일 인물인 것처럼 생각이 안 된다는 분들도 물론 계셨다. 그래도 다행인 것은 임동진 배우님의 명품 연기에 몰입되어 눈물이 주루룩 흘렸다는 반응이 월등히 더 많았다.

이승만 대통령의 반공연설, 양아들 이인수와의 사적 대화 기록은 구전과 글로만 남아 있는데 임동진 배우님 덕분에 재연장면으로 이승만 대통령의 마음을 전할 수 있었다.

임동진 배우님은 영화를 접한 친구 분의 전화를 받은 일화를 공석에서 소개하신 적이 있다. 친구 분이 하셨다는 말씀이 ...

"동진아, 나 영화 보고 펑펑 울었어. 그 어느 때보다 네가 자랑스럽다!"

이 기회를 빌어 다시 한번 임동진 배우님께 깊은 감사의 말씀을 전한다.

훌륭한 배우님은 섭외되었는데, 각본 작업이 쉽게 풀리지 않았다. 역사고증 부분도 문제였다. 이승만 대통령에 대한 책은 무수히 많이 나와 있는데, 서로 기록이 엇갈리는 경우도 많았다. 알면 알수록 풀리는 부분도 있었지만, 오히려 헷갈리는 부분도 있었다. 대표적인 예가 이승만 대통령이 한성감옥 생활을 하게 된 계기를 설명하는 기록이다.

어떤 책에는 '고종황제의 폐위를 위한 계획에 가담했다가 발각되어 감옥생활을 하게 되었다'고 나오고, 어떤 기록에는 '고종황제 폐위계획에 가담한 것으로 누명을 받아 감옥에 갔다'고 나온다. 도대체 누구 주장이 맞는 것인가?
그러나 이승만 대통령의 부인 프란체스카 여사께서 쓰신 책에서 '누명을 받고 갔다'는 기록을 보아 그냥 필자의 영화에서는 그렇게 서술하기로 했다. 하지만 필자는 이승만 대통령이 '아니다' 싶으면 격하게 따지는 성격이라, 그 당시 열강들 앞에서 무능해 보였던 고종을 폐위시키려 했을 수도 있다고 생각한다. 아직도 그런 생각을 지울 수가 없는데 추측할 뿐 정확한 사실을 확인할 길이 없어 보인다.

우여곡절 끝에 각본을 썼는데 하고 싶은 이야기가 너무 많았나 보다. 필자가 써 놓고도 '과연 이 많은 내용을 관객들이 보고 소화할 수 있을 것인가?'하고 걱정이 되었다. 90년 인생 동안 대한민국 격변기를 지낸 분의 이야기를 다루려니 각본을 15번 가량 고쳤는데도 도무지 나아질 기미가 보이지 않았다. 고민을 거듭한 끝에 최후에는 원래 썼던 각본을 두 개의 각본으로 분리하였다. 분리를 하고 보니 그 중 한 편이 보기에 훨씬 나았다.

이를 두고 처음에 의기투합했던 멤버 중 한 명이 '감독이 아무 상의도 없이 각본을 두 편 썼다'며 사실과 다른 황당한 루머를 돌리기도 했다. 그 멤버에게 진작 카카오 톡 메시지로 각본 두 편을 통째로 보내어 상의했던 기록이 남아있어, 이를 물증으로 보여주며 해명해 거짓소문 확산을 막은 적도 있다.

증언 녹취를 위한 경험자 또는 전문가 인터뷰 촬영은 비교적 모두 수월하게 진행했다. 이승만 대통령의 양아들 이인수 박사님과의 인터뷰만은 예외였다.

고령의 이인수 박사님과는 인터뷰 약속을 잡고, 그 분의 거처인 이화장에 갔는데 막상 인터뷰를 하기 직전, 그 분의 건강 상태가 받쳐주지 않아 취소된 적이 몇 번 있었다. 그렇게 취소가 되면 다음 인터뷰 약속은 바로 그 다음 날이 아닌 며칠 후로 잡혔다. 그런데 건강상 문제로 쉽게 진행되지 않아 필자는 이인수 박사님의 인터뷰를 포기했었다.

대안으로 시도했던 것은 인터뷰 중 이인수 박사님이 부인 조혜자 여사님 옆에 앉아만 계시도록 하는 것이었다. 그런 상황에서 조혜자 여사님께서 인터뷰를 해 주시면 대신 전달해 주시는 모양새가 되어 대안으로 괜찮을 것 같았다. 하지만 그 또한 마음대로 되지 않았다. 결국 조혜자 여사님의 인터뷰만 하루 진행하고, 이인수 박사님의 인터뷰는 포기했다.

그러다가 2023년 3월 20일, 아무 약속도 잡지 않은 상태로 임동진 배우님과 함께 촬영지 사전답사를 목적으로 이화장에 갔다. 그런데 그 날 마침 이인수 박사님의 건강 상태가 최상으로 돌아왔다. 때마침 촬영 장비도 챙겨갔던 터라 제대로 된 인터뷰를 진행할 수 있었다. 촬영 장비가 없었다면 아쉽게나마 스마트 폰으로 촬영할 판이었는데 기가 막힌 순간에 방문해 예정에도 없었던 인터뷰를 무사히 진행했다.

그때 이인수 박사님께서 혼신의 힘을 다해 인터뷰를 해주셨다는 느낌을 받았다. 필자가 인터뷰촬영을 진행한 이후 또 누가 정식 인터뷰를 했다는 소식을 듣지 못한 것을 보면 아마 그때의 인터뷰가 2023년 11월 1일 별세한 이인수 박사님의 생전 마지막 인터뷰가 아니었나 생각한다.

재연 장면 촬영할 때 뜻 밖의 난관에 부딪힌 사건도 기억에 남는다.

대한민국 첫 영부인 프란체스카 여사 역할로 뽑아 놓은 백인 여배우가 있었는데, 국민배우님을 모시고 촬영하는 당일! 아침부터 응급실에 간다고 펑크를 낸 것이다. 코로나 유행이 아직 끝나지 않은 시점이라 ... 다른 이유도 아니고 병원을 가느라 그렇게 된 거라 뭐라 할 수도 없었다. 여배우가 나오지 않아 국민배우님께 다음에 한 번 더 찍자고 하기도 그랬고, 제작비 추가지출도 문제였다. 촬영세

팅에 스태프들 다시 불러 인건비·식비 등을 추가적으로 지출하는 것이 제작형편에 맞지 않았다.

촬영 장소는 이화장. 아침부터 모두 모여 분주히 촬영장비와 의상·소품 세팅을 하고 있었는데 필자만 마음이 복잡했다. 알고 지내는 백인 여자들한테 여기저기 전화를 걸어봤으나, 바로 당일이라 일정이 막바로 연결되는 것이 쉽지 않았다. 그런데 평소에 친하게 지내던 친구가 다행히(?) 그날 쉬고 있었다. 무조건 빨리 오라고 했다. 그 친구 말이 자기가 방금 일어나 세수도, 화장도 안했다고 했다. 괜찮다고 했다. 메이크업 스태프가 와 있으니 몸만 빨리 오라고 재촉했다.

여럿이 모여 촬영하는 현장에서 별 것 아닌 것이 틀어져도 시간이 지체되고 차질이 생긴다. 모든 책임을 맡고 있던 필자는 당연히 신경이 예민해 졌다. 고맙게도 그녀가 당장 현장으로 와 주었다. 어려울 때 도와주는 게 진짜 친구지! 정말 고마웠다.

**급할 때 도와 준 외국인 모델 친구.
에카트리나.**

2019년부터 알고 지낸 에카트리나.

도착한 그녀는 자기가 뭘 해야 하는지 물었다. 대한민국 첫 영부인 역할을 해야 한다고 하니 깜짝 놀라면서 "한국 첫 영부인이 백인이었어?"하고 되물었다. 원래 차분한 성격의 그녀는 차분하게 촬영에 잘 임해 주었다. 키가 크고, 모델 일을 하는 친구라 되도록 작게 보이도록 찍었다.

긴급 투입되어 열연 중인 에카트리나.

에카트리나.

원래 예쁘고 키가 커서, 키가 작고 동글동글한 프란체스카 여사 역으로 애초부터 생각하지도 않았고, 섭외하려고 물어 보지도 않았는데 자기 배역이 되려고 해서 인지 그 친구가 결국 영부인 역할을 맡게 되었다. 실제 이승만 대통령은 1875년생, 프란체스카 여사는 1900년생으로 25살 차이가 난다. 그런데 임동진 배우님과 이 친구는 50세 가량 차이가 나서 분장으로 최대한 나이 들어 보이게 노력했다. 여러 사람들이 합심해서 도와 작품은 완성되었다.

촬영장에서 기념촬영.

그런데 작품을 만들고 나니 예상치 못한 더 큰 어려움이 필자를 기다리고 있었다. 이승만 대통령은 90년 일생을 사시며 큰일을 많이 해 내신 분이다. 그렇다 보니 개개인이 생각하는 이승만 대통령의 위대한 포인트가 각각 다 달랐다. 영화의 흐름 상 어떤 부분은 알면서도 집어넣지 않은 경우가 많은데 한 사람씩 영화를 보고 나서 각각 다른 부분들을 지적했다. 지적하는 부분들을 다 반영할 수도 없고, 반영했다가는 뒤죽박죽 엉망이 될 판이었다.

이승만 대통령의 노년 시절 모습 재연.

많은 사람들은 책이 할 역할과 영화가 할 역할을 구분하지 못한다. 자기가 아는 내용을 모두 넣으면 풍성하고, 완벽한 자료가 될 것이라 착각한다. 책은 이해가 안가면 앞뒤 뒤적거리며, 쉬었다가, 다시 읽을 수 있지만 영화라는 매체는 극장에 들어서는 순간 한정된 시간에 한 방향으로만 흘러간다.

책은 경우에 따라 매우 상세하게 쓸 수 있지만, 영화에 너무 많은 양의 정보를 집어넣었다가는 그 주제에 원래부터 관심 있는 사람은 괜찮을지 몰라도, 일반적으로는 집중의 끈을 놓게 만든다. 복잡한 내용을 보거나, 이해가 잘 가지 않는 상황에서 너무 많은 정보를 접하게 되면 집중하려 노력하는 이들이 많을까? 아니면 이해하길 포기하고 넋 놓고 지루하게 보겠는가? 필자는 후자로 가는 사람들이 많다고 본다. 그래서 복잡한 내용일수록 가급적 간결하고 이해가 가기 쉽도록 만들려고 노력한다. 필자가 15번 이상 각본을 고쳐 쓴 것은 필자 딴엔 최대한 노력을 한 것이다.

영화를 본 많은 분들이 지적하는 내용이 한결같이 똑같은 내용이었다면 필자도 그런 부분을 두고 다시 고민해 보았을 것이다. 그런데 놀랍게도 일치하지 않고 다 따로따로였다.

"내레이션 목소리가 너무 좋았다. 대체 성우가 누구냐?"

"내레이션 몰입이 안 되었다. 남자 성우를 쓰지 그랬냐?"

"프란체스카 역할 너무 잘 섭외했다. 너무 잘 어울린다."

"프란체스카 역할이 너무 젊어 보인다. 왜 그 사람을 썼냐?" 등등.

엇갈리는 조언과 지적들이 이어졌다. 절대적으로 맞고, 틀리고의 문제를 지적한 것이 아닌 대부분 개개인의 선호에 따른 조언(?)을 주었다. 그런 조언을 모두 반영할 수도, 관객 모두를 만족시킬 수도 없다. 간혹 협박과 분간이 어려운 다소 과격한 형태의 조언(?)도 받았다.

수개월 걸려 촬영과 편집을 완료한 시점에서 작품에 후원한 분과 크게 다툰 적이 있다. 그분이 후원해 주신 것은 매우 감사한 일이고, 그 마음은 지금도 변함없다. 그런데 그렇다고 그분께 연출의 영역까지 지도해 주십사 맡긴 것은 아니었다. 완성한 영화를 같이 점검하는 과정에서 그 후원자 분이 혹평을 쏟아내었다. 개인적으로 작품에 실망했다고 하면 충분히 있을 수 있는 일이고, 존중한다. 그런데 납득이 어려운 일이 발생했다.

'이 작품은 세상에 나오면 안 될 작품'이라고 발언한 것은 그럴 수 있다 치겠는데, '세상에 내놓지 마라, 상영하면 상영 못하도록 법적으로 막겠다'며 고함치며 황당한 주장까지 하였다. 연출의 영역과 후원자의 영역을 전혀 존중하거나, 구분하지 못한 데서 비롯된 것이다.

그 후원자의 소개로 임동진 배우님도 출연하게 되셨는데, 임 배우님의 의사도 묻지 않은 상황에서 '내 소개로 만난 분이니 임동진 배우님 출연부분은 다 빼라!'고 하기도 했다. 소개받은 것은 사실이지만, 필자도 시간과 노력을 들여 이미 촬영과 편집을 다 해 놨지 않는가? 후원자 입장에서는 본인 마음에 안 드는 작품이 나올 수 있겠다. 그런데 그렇다고 '영화를 공개하지 마라!', '백선엽 장군이 왜 나오냐?', '이런 저런 장면은 빼라 그렇지 않으면 상영이 불가하도록 만들겠다!'라는 발언은 좀 과격한 의사전달 표현이었다고 생각한다.

그 후원자와의 회의는 서서히 언성이 높아지는 자리로 바뀌었다. 서로의 열정과 패기를 확인하며 함성을 교환했고, 회의 분위기는 뜨겁게 달구어 졌다. 그리고 후원자와의 의견은 끝까지 좁혀지지 않았다.

이런 언급을 여기서 꽤 구체적으로 한 이유는 의외로 애국인사를 다루는 작품을 제작할 때 비슷한 충돌이 여기저기서 많이 일어나서이기 때문이다. 제작에만 몰두해도 모자란 판에 필자의 경우에는 이렇게 사람과 사람 사이에서 일어나는 예상 못했던 엉뚱한 일, 거짓으로 공격하는 이들 때문에 해명하며 에너지 낭비하는 일이 많았다.

'이승만 대통령을 주제로 한 작품을 딱 한 작품만 만들라'는 법은 없다. 당장 부족한 작품이라도 한 편, 두 편씩 만들다 보면 다음에 더 개선할 수도 있고, 다른 작품을 더 만들어 상호 보완할 수도 있고 ... 방법은 여러 가지이다. 그런데 '이번에 꼭 자기 말대로만 해야 한다'고 고집부리는 이들이 많으면 많을수록 배가 산으로 갈 수 있다. 이런 과정을 겪으면서 건국 당시 수 없이 많은 반대와 방해를 이겨내며 자신의 소신을 지키고, 그대로 추진했던 이승만 대통령의 심정을 조금이나마 이해할 수 있었다.

애국 영화를 제작하고자 모이는 이들은 이렇게 예상치 못한 충돌로 제작이 방해받는 것에 대해 마음의 준비를 해 두어야 한다. 필자도 매우 힘든 시간을 보냈다. 그래도 결국 제작이 완료되어 감사하다.

5. 서울 두 개 극장에서 전국 상영까지

완성한 영화 '기적의 시작' 배급을 위해 배급사들을 찾아보았다. 원칙적으로 우리나라 공공장소에서 상영하는 영상물은 '영상물등급위원회'의 등급판정을 받아야 한다. 등급판정을 받고 극장을 알아보았다.

홍보비를 따로 크게 쓸 형편이 못 되어 CGV · 메가박스와 같은 메이저 멀티플렉스 극장 배급은 엄두도 못 내었다. 우리 형편에 맞게 배급사 섭외를 하여 전국 10개 극장에서 상영할 것을 기대해 보았다. 그런데 최종적으로 배급사가 두 개 극장을 섭외해 주었다. 두 개면 필자도 충분히 할 수 있는 수준이었다. 배급사가 실력 있는 곳이어서 기대했는데 결과를 보고 크게 실망했다.

 배급사에서는 극장들이 이승만 대통령의 작품을 정치색 진한 작품으로 취급해 반응이 좋지 않아, 더 이상 진행할 자신이 없다고 했다. 서로 계약했던 배급을 없던 일로 하기로 했다. 배급사에서 섭외해 준 두 개 극장은 필자와도 좋은 관계로 지내는 곳으로 서울 종로 3가 '허리우드 극장'과 신촌 '필름포럼 극장'이었다. 아무도 필자의 영화를 안 틀어주려고 하는 환경에서 … 어려울 때 필자에게 도움을 준 두 극장에 매우 감사한다.

 긴 역사를 자랑하는 허리우드 극장의 경우 젊은 세대가 선호하는 극장은 아니지만, 규모가 크고 종로 3가 역 근처라 접근성이 좋다. 오래 전부터 필자가 만든 영화 상영을 도와 준 김은주 대표께 이 기회를 빌어 감사의 마음을 전한다. 특별한 분이고, 필자에게는 매우 감사한 누님 같은 존재이다.

 필름포럼 역시 필자에게 매우 소중하고 감사한 극장이다. 필름포럼 관계자들은 필자를 추천해 현재 '서울국제사랑영화제'로 명칭이 바뀐 '서울기독교영화제'에서 필자에게 큰 상을 줬고, 필자의 영화도 영화제를 통해 여러 차례 소개해 주었다. 우창록 대표, 성현 극장 책임자분과 조현기 프로그래머께 감사드린다.

상영관이 정해졌으니 공식 시사회를 하고, 홍보를 할 차례가 되었다. 시사회는 윤상현 국회의원의 도움을 받아 500석 규모의 국회의원회관 대회의실을 빌려 치렀다. 평일 오후인데도 좌석이 거의 다 찬 채로 성공적으로 진행되었다.

국회의원회관 대회의실에서 '23년 10월 시사회 진행.

영화 홍보를 위해 필자는 서울 광화문과 시청에 매주 토요일에 나가 전단지를 배포했다. 전단지를 주면 대부분 어르신들은 잘 받았는데 몇몇 젊은 사람들은 이승만 대통령 얼굴을 보자마자 전단지를 접어 버린 경우도 있었고, 구겨 버리며 이 대통령에 대한 불쾌감을 노골적으로 표시했다.

서울 광화문 프레스센터에서 선보인 영화.

 필자는 단언한다. 그런 사람들에게 '이승만 대통령이 잘한 일은 뭐냐?'고 물어보면 제대로 대답할 사람 한 사람도 없을 것이라고. 그런 모습을 본 필자의 지인들은 필자가 혹시라도 마음에 상처를 받을까봐 걱정했다. 3개국에서 내전 겪고, 폭동도 겪어 본 필자가 그 정도로 상처받을 수 있는가? 필자에게 그 정도는 아무런 상처가 되지 않았다. 어떤 분들께는 필자가 마음 여려 보이나 보다.

 필자가 가진 홍보 수단은 전단지 배포 그리고 구독자가 많은 유튜버들에게 연락해 홍보를 부탁하는 것이었다. 대부분의 유튜버들이 감독이 직접 출연해서 설명하기를 원해 열심히 뛰어 다니며 직접 출연했다. 필자는 사진 보도는 몰라도 동영상으로 찍혀 소개되는 것을 좋아하지 않는다. (그래서 유튜브에서 필자의 이름을 검색하면 나오는 영상 대부분이 '기적의 시작'과 관련된 내용이다.) 필자의 인상·

표정·어투가 필자에게 어색하게 느껴지기 때문이다.

 오히려 출연해서 역효과를 낼까봐 걱정도 되었으나 홍보비가 따로 없이 홍보해야하는 마당에 이런 것, 저런 것 가릴 형편이 아니었다. 불러주는 곳은 다 찾아 가서 홍보했다.

 관객들은 어느 날은 많이 왔고, 어느 날은 이유를 모르게 적게 왔다. 갈피를 잡을 수 없었다. '관객이 줄어 극장에서 곧 내려야 하나?' 하고 마음의 준비를 하면 관객이 몰려왔고, 될락 말락 하면서 상영이 이어졌다. 어느 날 허리우드 극장에 한 어르신 분이 오셔서 '이 영화가 감동적이라 주변 지인들 초청하게 표 1,000장을 달라'며 단체 구매해 주신 적이 있다. 유관모 장로께서 사 주셨는데 매우 큰 격려가 되었다. 곧 그분의 표를 받은 관객들과 일반 관객들이 뒤섞여 허리우드 극장에 구름 떼처럼 몰려 왔다. 몇 주 동안 매진행렬이 이어졌다. 그렇게 2023년이 지나갔다.

허리우드 극장 상영에 300석이 매진된 모습.

필름포럼 극장에서 임동진 배우님 모시고
관객과의 대화 시간을 가지며 ...

 허리우드 극장의 경우 매주 금요일과 토요일 1회씩만 상영을 했었다. 필름포럼에서도 1주일에 4 ~ 5회 정도 상영했는데 어느 덧 한 개 극장 평균 2,000명의 관객이 들어 온 상태가 되었다.

 2천명이란 숫자는 적어 보이지만 상영관이 10개면 2만 명, 100개면 20만 명 정도 되는 수치로 독립영화, 다큐멘터리 영화로 보면 결코 적은 숫자가 아니다. 2000년대 초에는 독립영화(극영화 포함) 흥행 기준을 관객 1만 명으로 보았다. 2000년대 후반부터는 10만 명 정도로 상향되었다.

2024년 1월, 필자는 CGV, 메가박스, 롯데시네마에 직접 '기적의 시작' 상영 의뢰를 하였다. 한 개 극장 평균 2천 명의 관객이 들었으니 귀사의 여러 극장에서 상영해 보면 좋겠다는 취지로 제안했다.

롯데시네마에서 당장 하지 않겠다는 답변을 주었다. 다른 극장에도 크게 기대하지 않았다. 그런데 2월 1일 저녁 CGV에서 전화가 왔다. 필자가 전국 15개 극장을 요청했는데 그렇게까지는 진행이 힘들고, 10개 극장에서 해 보자는 제안이었다. 거절할 이유가 없지 않는가? 이제 필자는 전국 12개의 상영극장을 확보하게 되었다. 극장 수는 많지 않았으나 그래도 생애 첫 전국 극장상영을 하게 되어 기뻤다. 개봉일은 2월 중순 즈음을 추천받았다. 그 즈음 대작들이 개봉하지 않으니, 그 즈음 개봉하는 게 어떠냐는 제안이었다. 그런데 필자의 영화와 같은 소재를 다룬 작품이 2월 1일 개봉하게 되어 시차를 두고자 한 주 미뤄 전국 확장 개봉일을 2월 22일로 잡았다.

전국 개봉일을 정하고 난 며칠 뒤 메이져 멀티플렉스만큼은 아니지만 전국에 극장 체인점을 가지고 있는 씨네Q에서 연락이 왔다. 일단 5개 극장에서 하고, 추후 2개 극장을 추가해 총 7개 극장에서 상영을 진행하고 싶다는 의사를 전해 왔다. 씨네Q의 경우 필자가 연락한 것이 아닌데, 그쪽에서 먼저 연락을 줘서 놀랐다. 사실 씨네Q가 멀티플렉스 체인인지 그때 처음 알았다. 서울에는 씨네Q 신도림 지점만 있어 방문해 봤는데 시설이 메이져 멀티플렉스에 뒤지지 않았다.

 2000년대 초만 해도 전국 극장에서 영화 상영에 필름을 돌렸다. 2010년도 전·후로 디지털 상영 장비들이 극장에 도입되었다. 현재는 영화를 DCP (Digital Cinema Package) 파일 형태로 상영한다. DCP 파일은 외장하드에 담아 각 극장에 발송한다. 개봉일에 맞춰 여유분을 생각해 외장하드 20개에 영화 파일을 담아 발송했다.

 한편 구독자가 많은 유튜브 채널에서 출연요청이 오면 열심히 다니며 홍보했다. 다음은 영화 개봉 전·후 홍보한 내역이다.

■ 주요 홍보내역

- 메인 광고 영상 두 편 제작해 유튜브 여러 채널에 배포.
- 조선일보 3회 보도,
- 월간조선 3회 보도,
- TV 조선일보 1회 방송,
- 연합뉴스 1회 출연·방송,
- 문화일보 1회 보도,
- 자유일보 1회 보도,
- 크리스천투데이 기사 5회 보도,
- 크리스천투데이 TV 유튜브 3회 이상 방송,

- 스카이데일리 3회 이상 보도,
- 극동방송 3회 방송, 아트홀 무료 상영
- 팬앤드마이크 2회 출연
  (5회 가량 방송소개, 인터넷 기사 수 회 보도),
- 고성국 TV 1회 소개,
- VON 유튜브 1회 출연 (3회 가량 소개방송),
- 자유일보 유튜브 2회 출연,
- 너알아 TV 1회 출연,
- 빨대왕 TV 5회 가량 소개,
- 우리공화당 행사 유튜브 출연/발언,
- 여의도 순복음교회 방송 1회, 교역자 대상 무료상영
- 뉴데일리 3회 출연
  (10회 가량 소개, 인터넷 기사 수 회 보도),
- 신의 한수 1회 출연,
- 이봉규 TV 2회 출연,
- 한국자유총연맹 TV 1회 출연,
- 강용석 KNL TV 1회 출연,
- 주성 TV 소개방송
- 성서나라 TV 소개방송
- 성창경 TV 1회 소개방송
- 조충열 TV 소개방송
- 문자향 TV 소개방송
- 뉴스 24 TV 소개방송
- 뉴스워크 소개방송
- 글로벌기독방송 TV 수 차례 소개방송

- 이정훈 TV 소개방송
- 정광용 TV 소개방송
- Korea film 소개방송
- 시사포커스 1회 출연, 수회 소개방송
- 황교안 TV 1회 출연, 2회 이상 소개방송
- 홍감독 기분 좋은 뉴스 협력, 수 회 소개방송
- 참존교회 TV 2회 출연, 수 회 소개방송
- 유튜브 토크쇼 자체 제작 1회, 두 개 채널에 소개방송 등등.

전국 확장 개봉일이 다가와 개봉 1주일 전 즈음부터 극장 좌석 예약이 진행되었는데 예매율이 조금씩 올라가기 시작했다. 기뻤다.

그런데 2월 19일 월요일! 개봉 주간 큰 일이 터졌다. 예매율이 올라가서 갑자기 CGV에서 극장을 50여 개 추가해 주었고, 그때까지 연락 없던 메가박스에서 갑자기 극장 50여 개에서 상영하고 싶다고 연락을 줬다.

연락받은 날은 조선일보 신정선 기자와 용산역 부근에서 함께 점심식사를 하고 있었다. 대형 언론매체 베테랑 기자분께 여러 노하우를 전수받고 있던 중이었는데, 때마침 좋은 소식이 와서 뛸 듯이 기뻤다. '이게 웬일인가!' 상당히 이례적인 현상이었다. 홍보비를 많이 쓴 것도 아닌데 상영관이 이렇게 많이 확보된다는 자체가 영화 제목 그대로 '기적의 시작'이었다.

식사를 마치자마자 바로 가까이에 있는 용산전자상가에 가서 외장하드를 110여 개 추가로 구입했다. '기적의 시작' 영화 DCP 파일의 용량은 80기가 정도 되었으므로 외장하드의 용량 큰 것이 필요하지는 않았다. 큰 걸 사 봤자 예산낭비만 되어 용량이 작은 것을 찾았다. 그런데 요즘은 대게 큰 용량을 사용하는 추세라 160G짜리가 제일 작았는데, 물량이 충분치 않아 320G, 500G짜리를 두루 구매해 수량을 맞췄다.

 갑자기 수 백 만원의 비용이 지출되었으나 기뻤다. 집에 와서 눈코 뜰 새 없이 외장하드에 영화를 복사해 넣었다. 시간이 촉박한데 작업속도가 안 따라 주어 대한역사문화원 회원들이 DCP 파일이 담긴 외장하드 2개와 빈 외장하드 35개를 가져가 작업을 도와주었다.
 다음 날인 2월 20일 화요일! 전국 개봉을 불과 이틀 남겨 놓은 아침. 우체국이 문을 열자마자 갔다. 익일 배송이 보장되는 우체국 우편으로 모든 극장들에 발송했다.

우체국에서 외장하드 여러 개를 일괄 발송한 모습.

예술 하는 사람에게 일이 너무 안 들어와도 문제이지만, 너무 한꺼번에 몰려와도 문제였다. 필자의 일생 중 가장 정신없고, 일이 많아 제일 힘들었던 순간으로 기억된다. 하지만 즐거운 비명을 질렀다. 발송한 물건이 대부분 제대로 다음 날 도착했는데, 그렇지 않은 경우도 가끔 있어 마음 졸였고, 또 어떤 경우에는 외장하드가 도착했는데 작동에 오류가 생겨 해당 극장에서 제일 가까운 극장에 연락해 도착한 외장하드의 파일을 옮긴 후 외장하드가 필요한 극장으로 보내달라고 퀵 서비스 조치를 하였다.

갑자기 늘어난 극장 수 때문에 홍보에 매진해야 할 순간, 극장에 외장하드를 다 보내느라 시간과 진을 뺐다.

홍보를 어떤 형태로라도 급히 해야 했는데, 이 일이 있기 바로 얼마 전 필자의 유튜브 채널 'PUREWAY PICTURES' 채널 커뮤니티 게시판에 상황을 알려 모금을 했다. 정말 감사하게도 예상치를 넘는 금액이 모금되었다.

모금된 금액으로 요즘 영화사들이 잘 하지 않는 신문광고를 진행했다. 조선일보 광고 2회, 문화일보 광고 1회를 진행했다. 신문광고 홍보효과는 미지수였으나, 그래도 전국적으로 알려졌다고 본다. 그렇게 신문광고를 했더니 이번엔 전혀 예상치 못했던 다른 신문사들 광고국에서 그쪽 신문에도 광고를 실어 달라고 영업이 들어 왔다. 필자가 평소 안하던 모금 요청 글을 올려 겨우 모금해서 신문광고를 진행한 것인데 ... 아마도 조선일보 광고를 2회나(?) 진행했더니, 필자가 광고비로 쓸 돈이 많은 풍요로운 제작사 대표로 생각되었나 보다.

목요일 개봉에 그 주 월요일부터 미친 듯이 일만 했다. 전화가 하루에 수 백 통이 걸려왔다. 필자의 인생 중 짧은 기간 동안 가장 많은 연락 건수를 기록했던 게 그때였던 것 같다. 그런 일을 겪고 들었던 생각은 '정말 인기 많은 유명인들은 연락 받고, 응대하느라 자칫 자기 삶이 없을 수 있겠구나' 싶었다.

뭐가 어떻게 돌아가는 줄도 모르고 바쁘게 일하다가 어느 덧 전국 개봉이 되었다. 잘 모르는 사람들은 '재개봉'이라고 표현하기도 하는데, 전혀 재개봉이 아니다. 2023년 10월 개봉 이후 한 번도 끊김 없이 상영하다가 전국 극장으로 확장 개봉했다는 표현이 맞다. 서울 2개 극장에서 전국 최다 137개 상영관에서 상영했던 영화가 있었을까? (전국 최다 137개 상영관 동시상영 이후 안산 명화극장과 지방 작은 극장들에서 추가로 상영이 되었으니, 정확히는 전국 총 140여개 상영관에서 상영된 것으로 보인다.)

전국 극장상영이 진행되었는데 뜻밖의 문제가 필자를 또 괴롭혔다. 영화 소리 음량을 고막이 찢어질 듯 크게 튼 영화관이 더러 있었던 것이다. 요즘 극장들은 인력난에 시달린다.

과거에 비해 코로나 시절을 거치며 극장 관객수가 전반적으로 줄어들어 극장에서는 일할 인원들을 최소한으로 고용해 쓰는 것 같다. 평일 낮 서울의 큰 극장에 가 보아도 직원 혼자 티켓 팔고, 팝콘 팔고, 영화 입장할 시간 되면 입구로 뛰어가 검표하고 ... 정신없이 힘들게 일하는 모습을 쉽게 접할 수 있다. 상황이 이렇다 보니 필자의 영화처럼 상대적으로 작은 소규모 영화들에게 신경을 제대로 못 쓰는 경우가 있나 보다.

영화에 맞는 적정 볼륨에 맞춰 상영하지 않은 극장이 더러 있었던 것이다. 필자도 적정 볼륨이 아닌 매우 큰 소리로 상영되는 상영관에서 직접 소리를 들어 본 적이 있다.

굉음수준이었다. 소리가 보통 큰 게 아니어서 마치 고막이 파괴될 듯 한 고통을 느꼈다. 필자가 제3자, 일반관객이었다면 그런 상태로 영화를 보고는 그 영화를 지인들에게 추천할 수 없었겠다는 생각이 들었다.

멀티플렉스 본사를 통해 공지해 알리고, 개별 극장에도 일일이 전화해서 어느 정도 수습하였으나, 분명 너무 큰 소리를 듣고 감상이 힘들었거나, 주변에 추천하지 않은 경우가 있었으리라 본다. 너무 안타까웠다. 어떻게 전국 극장을 잡고, 어떻게 홍보한 건데 ... 최종 결과물을 확인하는 데서 예상도 못한 일이 발목을 잡았다.

신문광고로 나간 내용.

전국 멀티플렉스 극장 상영.

압구정 CGV 상영 후 관객 분들께 감사인사 중.

전국 CGV 극장 상영.

6. OTT로 이어지는 상영

영화 '기적의 시작'은 총 8개월간 극장상영을 했다. 멀티플렉스 전국 상영은 2024년 2월 하순부터 3월 하순 경까지 했고, 이후에도 계속 수요가 있어 5월 말까지 서울 3개 극장과 안산 명화극장에서 상영을 하였다.

극장상영을 마친 작품은 현재 국내 IPTV, 온라인 서비스로 관객을 만나고 있다. KT·SK·LG IPTV인 지니TV, BTV, U+TV를 비롯 유튜브, 스카이라이프, 웨이브, 네이버 시리즈온, 쿠팡, 왓챠, 구글, 홈초이스에서 유료 서비스로 시청이 가능하다.

7. 차기작 준비

영화 '기적의 시작'이 전국 극장에서 상영되어 홍보를 하는 과정에서 필자는 구독자가 수십만 명 되는 유튜브 채널 여러 곳에 출연해 인터뷰를 하였다. 차기작으로는 무엇을 만들 것이냐는 질문을 받았다. '기적의 시작'을 준비하면서 각본 내용이 너무 넘쳐나 각본을 두 편으로 나누었는데 영화화 하지 않은 다른 각본의 주된 내용은 '이승만과 6·25 전쟁'이다. 그래서 이승만 대통령께서 초지일관 주장하신 '북진통일'을 제목으로 해서 이승만 대통령과

6·25 전쟁을 집중해 다루겠다고 했다.

전 세계 어느 영화 제작자에게나 공통적인 점이 있다. 그것은 작품에 대한 계획은 자기 마음대로 세울 수 있으나, 실제 제작되는 순서는 펀딩이 먼저 되는 순서로 만들어진다는 것이다.

물론 필자가 매우 적극적으로 '북진통일' 제작하겠다고, 홍보하고 모금활동을 한 것은 아니었다. 또 실제로 '기적의 시작' 홍보와 정리하기에도 벅차 차기작에 대해 적극적인 펀딩 활동을 할 수도 없었다.

'기적의 시작' 홍보하는 과정에서 백선엽 장군님을 많이 언급해서인지 '백선엽장군 기념사업회' 측에서 필자의 소식을 듣고 연락을 취해 왔다. 펀딩도 돕겠다며 백선엽 장군 다큐멘터리 제작을 같이 먼저 해 보면 어떻겠느냐는 제안이었다.

백선엽 장군은 생전 여러 매체와 인터뷰를 하셨다. 그러나 필자가 본 모든 장면들은 실내에서 ... 백 장군의 사무실 또는 방송사 스튜디오에서 찍은 것들이었다. 필자는 특별한 기회를 얻어 백선엽 장군과 그 분이 싸우셨던 전·후방 전투현장에 같이 가서, 그분의 설명을 직접 들으며 촬영해 기록하였다. 아직 세상에 공개하지 않은 백선엽 장군 기록을 많이 가지고 있는 필자는 흔쾌히 백선엽장군 기념사업회의 제안을 받아 들였다.

　백선엽 장군은 6·25 전쟁 때 큰 공을 세우신 분이다. 백선엽 장군의 업적이 과장되었다고 하는 이들이 있는데, 그런 이들의 주장을 들어 보면 '백 장군은 다른 한국 장성들과 달리 미군의 지원을 특히나 많이 받아 여러 전투에서 승리할 수 있었다'라는 것이다. 일리가 있으나 매우 맞는 말은 아니다.

　'왜 유독 백선엽 장군이 미군의 지원을 많이 받았는지?'는 생각해 보았는가? 그런 부분에 대한 이해 없이 쏟아낸 발언들이라고 본다.

　6·25 전쟁 당시 미군은 1949년 중국이 공산화 되는 것을 보고, 동양인 장군들의 능력을 신뢰하지 않았다. 미군도 자신들 편에 서서 제대로 싸우는 한국 장군을 발굴해 협력하고 활용하고 싶어 했다. 백선엽 장군은 정직·솔선수범하고, 겸손한 자세로 다부동 전투를 비롯 여러 전투에서 승리했고, 영어도 잘 하여 미군들의 신뢰를 이끌어 내었다. 그것은 그 당시에 싸웠던 다른 한국 장군들이 많이 가지지 못한 특별한 능력이었다. 그래서 필자는 6·25 전쟁 중 국군과 미군 그리고 UN군의 협력을 이끌어 내는데 가장 크게 기여한 분이 백선엽 장군이라 감히 말할 수 있다.

　또 하나의 논쟁점은 백선엽 장군의 친일파 이력에 대한

부분이다. 결론부터 말하면 전혀 사실이 아니다. 백선엽 장군은 1920년 출생했다. 그가 출생한 해에 봉오동 전투(6월)와 청산리 전투(10월)가 일어났다. 이후 일본군의 보복으로 독립군의 씨가 말라 독립군은 일본군과 전투다운 전투를 벌인 기록이 없다.
독립군의 무장투쟁은 1920년에 끝났다고 보면 된다.

 논란이 되는 백선엽 장군이 초임장교 시절 '간도특설대'로 간 것은 1943년의 일이다. 제대로 된 독립군도 없었던 시절인데 마치 백 장군이 독립군을 토벌하고 다닌 것처럼 왜곡된 비난이 넘쳐나고 있다. 일제시대에 사회활동을 했거나, 제대로 된 직장을 가진 이들 중 유독 후에 반공활동을 했던 분들에 대해서만 친일파 프레임을 씌우는 것은 매우 잘못된 현상이다.

 새로 만드는 다큐멘터리에서 이 모든 것을 해소하고, 6·25를 통해 일어난 크고 작은 기적들을 다룰 예정이다.

8. 한국어 각본

#1. 이화장 - 이화장 전경 및 이승만 대통령 동상

내레이션 : 반만년의 역사를 가진 우리 민족.
그러나 그 역사는 가난과 외적의 침략으로
얼룩진 피의 역사였습니다.
약소국으로 타고난 우리나라의 운명!
그것을 뒤바꾸고 기적을 선물한 인물!

건국 대통령 이승만.

이제 그가 마주해야 했던 싸움 그리고
인간 이승만을 만나 봅니다.

동상 옆으로 뜨는 제목 타이틀

#2. Title Montage -
감동적인 주제곡과 함께 제작 관계자들이 자막으로 소개 된다.

#3. 자료화면 - 배재학당 모습, 이승만 대통령 건국기념
          행사 자료화면

내레이션 : 대한민국 초대 대통령 이승만.
         그에 대한 평가는 극과 극으로 엇갈립니다.

         나라를 세운 건국 대통령,
         '국부'라고 하는 이들이 있고,

         다른 한편에서는 '친일파',
         '독재자'라고 하는 이들이 있습니다.
         우리는 과연 이승만에 대해
         얼마나 잘 알고 있을까요?

         이승만은 정말 '친일파', '독재자'로만
         평가받아야 할까요? 지금부터 살펴봅니다.

김재동

김재동 (대한역사문화원 원장) :
우남 이승만 대통령의 가장 큰 업적을 꼽으라고 하면 저는 두 가지로 말합니다. 건국과 호국입니다. 첫 번째 건국은 1948년 8월 15일!

한반도에 반만년 동안 일반 국민들에게 없었던 '자유와 평등'을 골고루 나눠 준 진정한 의미의 자유 대한민국이 건국되었던 것은 이승만 대통령 한 분의 지대한 업적이라고 말할 수 있습니다.

인보길

인보길 (건국이념보급회 회장) :
5천 년 전체주의 왕조 국가에서 해방되었고, 일본 식민지에서 해방되었고, 국민이 해방되어 서구 자유민주 선진국들과 함께 출발하는 국가 체제를 만들었습니다.

김재동 :
또 하나, 건국 이후에 여순 반란, 6·25 남침 전쟁이라는

국가적인 큰 위기 앞에서 ...

백선엽

백선엽 (대한민국 최초 4성 장군) :
우리나라 초대 대통령으로 이분을 우리가 모시고 한국전쟁을 수행했습니다. 이분은 철저한 민족주의자요, 철저한 반공주의자입니다.

이분이 한국을 이끌어 한국전쟁을 수행하고, 그 이후 폐허가 된 나라를 부흥시킨 위대한 지도자였습니다.

조혜자

조혜자 (이승만 대통령의 며느리) :
우리 국민들이 배고프지 않게 하기 위해 굉장히 노력을 하셨습니다. 열심히 식사 기도를 하셨는데 '우리가 먹는 이 음식을 우리 국민들, 동포들 다 먹게 해 달라'고 하셨답니다.

남한 국민만이 아니라 우리 동포들!
북한에 있는 동포, 중국, 하와이에 있는 동포들 ...

재연 A – 독도를 불법으로 침범한 일본 어부들이 우리나라 구금시설에 수감되어 기합 받으며 정신교육을 받는 모습.

유지윤

유지윤 (연세대학교 이승만연구원) :
6.25 전쟁 중에 일본이 독도침탈을 시도했는데 '평화선'을 그어 우리나라 영해를 침범한 일본 어선들을 나포하고, 일본 어부들을 구금해 정신교육을 시켰다고 합니다. 그렇게

하자 일본인들은 독도 근처에 얼씬도 하지 못했습니다.

한미동맹을 체결해 우리나라 산업 발전의 기틀을 마련하셨고, 우리가 당장은 배가 고프고 힘이 들더라도 텅스텐, 석탄 등의 광산 산업을 추진하고, 충주 비료공장, 문경 시멘트 공장 등의 기반시설을 세워 한국 산업 대국의 성장판을 마련하셨습니다.

이 대통령 하에서 추진된 문화, 교육, 경제부국사업과 최초의 원자로 건설은 현재까지도 큰 영향을 미치고 있습니다. 이 밖에도 수많은 일을 수행하셨습니다.

#4. 이승만의 성장과정

내레이션 : 1875년 3월 26일 황해도 평산군에서 태어난 이승만.

재연 B - *청년 이승만이 외국인들과 공부한다.*

내레이션 : 어린 시절 한양으로 옮겨와 살기 시작한 그는 매우 영특했습니다.

미국인 선교사가 설립한 배재학당에 다니며 일찍부터 영어와 근대적 정치이념을 배웠고, 언론인으로 활동하며 국민 계몽에 힘썼습니다.

#5. 한성감옥 터

서울 종로. 한성감옥이 있던 자리.

한성감옥이 있던 자리.

한성감옥이 있던 자리에 있는 표지판.

내레이션 : 이곳은 서울 종로 ...
　　　　　한성감옥이 있던 곳입니다.
　　　　　청년 이승만은 급진개화파와 함께 고종폐위
　　　　　운동을 계획했다는 억울한 혐의를 받아
　　　　　한성감옥에 투옥되었습니다.
　　　　　이승만이 잡혀온 시기는
　　　　　1899년 1월 어느 추운 겨울 날.

#6. 재연 C -
한성 감옥에서 창살을 잡고 고통스러워하는 이승만.
철창을 붙잡고 동료들이 죽어가는 모습을 보는 이승만.

내레이션 : 함께 투옥된 동지들은 하나 둘 처형당했습니다.

인보길 :
한성감옥에서 모진 고문을 받을 때 저도 모르게 기도가 터졌다는 겁니다. 배재학당, 정동교회 다닐 때 선교사들이 '기도하면 하나님이 모든 죄를 사해 주시고, 구원해 주신다'고 했던 것이 떠올라 영어로 기도합니다.

김재동 :
그의 첫 기도는 "하나님, 나의 영혼을 구원하여 주옵소서. 그리고 나의 나라를 구원하여 주시옵소서!" 였답니다.

인보길 :
'그 순간 감방 안이 환해지고, 내 온몸이 뜨거워졌다. 나도 모르게 내가 다른 사람으로 변했다'고 기록했습니다. 그게 기독교가 말하는 성령을 받아 거듭난 거죠.

#7. 재연 D - 청년 이승만이 옥중에서 설교한다.
　　　　　　　감옥 창살 너머로 성경책을 읽는 이승만.

내레이션 : 5년 7개월 동안의 한성감옥 생활은 청년 이승만은 강하게 단련됩니다. 그는 감옥에서 동료 죄수들을 전도하여 기독교인들로 만들고, 옥중 도서관을 운영하여 교육에도 힘씁니다.

이 무렵 그가 쓴 '독립정신'이란 책의 원고는 청년 이승만의 꿈과 생각을 잘 보여주고 있습니다.

인보길 :
'우리가 독립을 제대로 해 미국, 영국 같은 나라와 동등한 나라를 만들려면 기독교를 근본으로 삼지 않으면 불가능하다.'
'그렇지 않으면 아무리 미국과 똑같아지려 해도 불가능하고, 서구 학문을 따라갈 수가 없다. 이해할 수가 없기 때문에 ...'

김용삼

김용삼 (언론인, 대기자) :
이 대통령은 놀랍게도 1900년대 초에 우리가 앞으로 제조업, 공업을 일으켜야 한다는 주장을 했습니다. 자유가 보장되는 나라, 독립을 이루려면 뭘 어떻게 해야 한다는 것을 '독립정신' 책에 써 놓았습니다.

한 마디로 서구 지식인들이 자유민주주의 체계를 만들기 위해 그동안 쌓아 왔던 지적 축적물들의 결과를 우리 실정에 맞는 언어로 제시한 책이 '독립정신'입니다.

내레이션 : 한성 감옥 시절 이승만은 많은
공부를 하며 기록을 남겼습니다.
이것은 출판되었다면 최초의
영한사전이 되었을 이승만의 초고입니다.

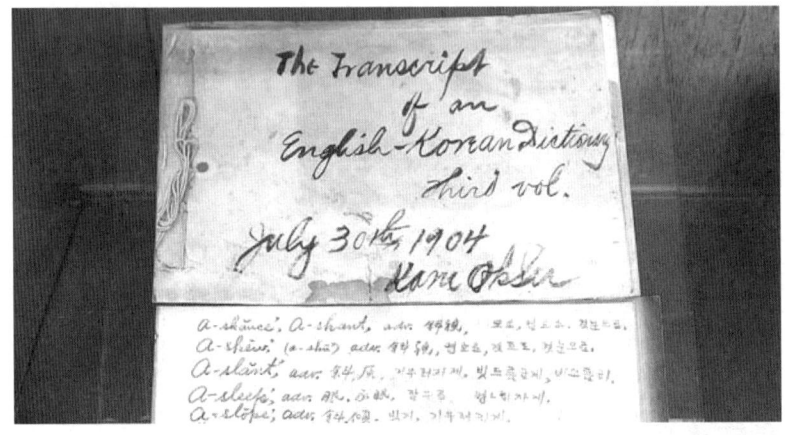

이승만의 영한사전 초고.

#8. 이승만 해외 생활, 유학, 망명, 결혼 생활

내레이션 : 감옥에서 복역 중이던 이승만은 1904년
러일전쟁이 터진 뒤 출옥하게 됩니다.

인재가 귀하던 시절, 일본의 압력이 거세지자
이승만은 '밀사'의 임무를 부여받고 미국으로
향하게 됩니다.

김효선

김효선 (건국이념보급회 사무총장) :
이승만은 밀사 자격으로 미국으로 갔습니다.
공부를 하려고 유학 준비를 미리 다 해서 갔습니다.

밀사 역할을 한 후에 '조지 워싱턴 대학'에 들어가게 됩니다.
배재학당의 수업을 인정해 줘서 대학교 2학년에 편입합니다.
그리고 '하버드 대학'의 석사과정, '프린스턴 대학'의 박사
학위를 받습니다. 그게 1910년입니다.

조평세

조평세 (북한학 박사) :
많은 선교사님들의 지원과 추천서를 통해 미국 도착 전부

터 이승만 대통령은 입지를 가지고 계셨어요. 그래서 큰 어려움 없이 학생 신분 때부터 정계 인사들과 교회 지도자들을 만날 수 있었습니다.

5년 동안 학사, 석사, 박사를 다 따셨잖아요? '공부만 하시기에도 바빴겠구나' 생각하실 수 있는데 일기를 보면 거의 2주에 한 번, 많게는 1주일에 두 번꼴로 매번 교회나 대회에 찾아가서 설교나 연설을 하셨습니다.

유지윤 :
미국에서 학위를 받고 귀국했을 시점은 일제에 의해 식민지가 된 직후였습니다. 일제의 핍박을 피해 1912년 다시 미국으로 건너가 33년간 해외에서 독립운동을 하며 생활하게 됩니다.

이승만은 외교력을 통한 독립을 이루려고 부단히 노력했습니다.

조평세 :
이승만 대통령 외에도 많은 훌륭한 독립운동가들이 계셨죠. 그렇지만 이승만 대통령이 가장 영어에 능통하셨습니다.

그래서 적어도 미국, 영국, 영어권에서는 우리의 독립을 알리는데 이승만 대통령이 최고였다고 할 수 있습니다.

내레이션 : 이승만이 미국 여론을 바꿔놓는 외교와 홍보
활동을 적극적으로 펼친 결과 1943년 카이로
에서 한국의 독립을 선언하는 발표가 나왔습
니다. 이는 제2차 세계대전에서 미국과 연합
군이 승리하자 우리민족의 독립을 가능케 한
중요한 근거가 됩니다.
독립운동을 하면서 이승만은 오스트리아 출신
든든한 인생의 동반자도 얻었습니다.

조혜자 :
그야말로 보필하는 정도가 아니라 ...
월급도 못 받는 '타이피스트'셨어요.

내레이션 : 가난한 독립운동가의 아내가 된 프란체스카는
힘든 순간들을 이겨내며 이승만의 든든한
조력자가 되었습니다.

조혜자 :
가난했죠. 저의 시어머니 말씀이 (해외에서 지내시며)
독립운동하실 때 제일 싸게 사 먹을 것이 바나나였답니다.

외국 기자들과 인터뷰 할 일이 많아 (체면상) 좀 알아주는
호텔의 제일 저렴한 꼭대기 층에 투숙하셨다고 합니다.
프란체스카 여사는 누가 알아볼까 봐 얼굴을 가리고, 해
질 무렵, 할인해 파는 떨이 바나나를 사 오셨다고 합니다.

그때 바나나를 너무 많이 잡수셨다고 합니다. 그래서 바나나 보면 질리도록 드셨다며 나중에는 싫어하셨습니다.

내레이션 : 어려운 여건 속에서도 열정적으로
독립운동을 했던 이승만.
그런 그를 친일파라고 할 수 있을까요?
그의 진심을 엿볼 수 있는 기록을 살펴봅니다.

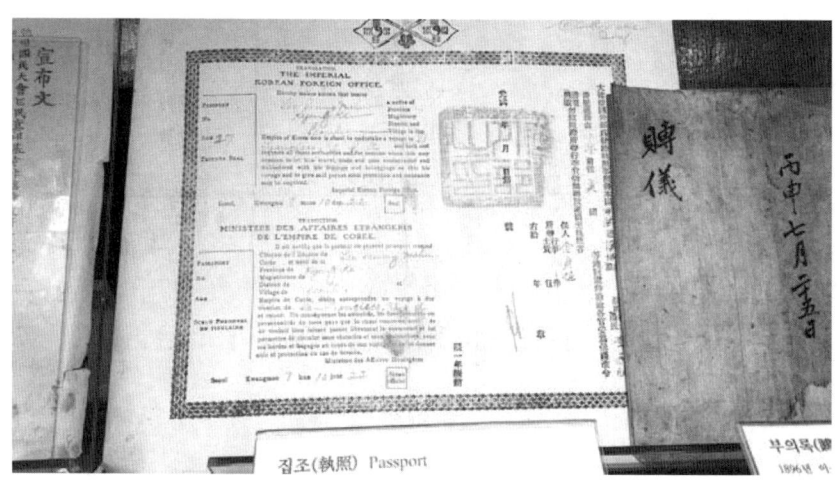

집조

유지윤 :

이게 처음 이승만이 미국으로 건너갈 때 대한제국 정부에서 발급해 준 여권입니다. '집조'라고 합니다.
이 여권을 가지고 있다가 이승만은 미국에서 총 30년이 넘는 기간을 생활하면서 미국 국적을 취득하지 않았습니다.

그래서 여권이 없이 다른 나라를 오가면서 많은 어려움을 겪게 됩니다.

김재동 :
이승만 박사님께서는 일제시대 내내 무국적자로 활동하셨습니다. 다른 많은 독립운동가들은 중국, 미국의 국적을 취득했습니다.

이승만 박사님은 반드시 일본이 패망하고,
언젠가는 해방될 것이라는 확고한 신념이 있었습니다.

그래서 끝까지 무국적자로 활동을 하셨던 것입니다.

#9. 건국의 고통

내레이션 : 제 2차 세계대전은 미국과 연합국의 승리로 끝나 우리는 그토록 원하던 해방을 맞게 됩니다. 이승만은 미국에서 해방 소식을 듣고 귀국합니다.
그것은 당시 만 70세가 넘는 노인이 된 이승만이 일생일대의 싸움을 시작하게 된 것을 의미했습니다.
제2차 세계대전이 끝나자 승전국이 된 미국, 영국, 소련, 중국 등은 각국의 이익에 맞게

발 빠르게 움직였습니다.
대륙과 해양 세력이 만나는 한반도는
미국과 소련에 의해 점령됩니다.
일본군 무장 해제를 명분으로 한반도의 남쪽
에는 미군이 북쪽에는 소련군이 들어왔습니다.

그때까지 소련은 미국에게 적대적인 국가가
아닌 함께 제2차 세계대전을 승리로 이끈
승전국이자 동료였습니다.

이주영

이주영 (건국대학교 사학과 명예교수) :
미국의 대외정책은 모든 문제를 소련과 협의해서 하고,
분쟁지역에는 좌우합작 연립정부를 세우는 것이었습니다.

그래서 해방 후 미군정이 좌익을 남한에서 허용했습니다.
공산당이 합법적인 정당으로 인정을 받은 겁니다.
남한에는 좌익도 있고, 우익도 있었습니다. 그냥 좌우합작
연립정부를 세우라 해서 이승만 박사가 골병이 들었습니다.

좌우합작, 연립을 시켜 놓으면 이건 공산화가 되는 겁니다. 좌익은 소련의 지원을 받고, 조직이 강한데 우익은 조직이 없고, 개별적으로 갈라져 먹히게 되어 있었습니다.

이승만은 그렇게 안타까워하는데 미국은 정책적으로 '좌우 합쳐 연립정부를 만들어 잘 지내라'는 식이었습니다.

북한에서 소련군은 좌파만 남기고 활동을 금지시켰는데, 남한에서는 미군정 장관이 공산당 집회에 가서 축사를 했습니다. 그러니까 이게 웃기는 상황이 되어 이승만은 기절 초풍한 겁니다.

내레이션 : 동서양의 많은 나라들이 소련 공산주의 앞에서 무너질 때 우리 민족 역시 그럴 운명 앞에 놓여 있었습니다.

해방 직후 문맹률이 80%에 달했던 우리 민족. 이념의 차이를 분별하기는 커녕 대다수가 글자조차 몰랐던 낙후된 민족이 소련식 공산주의 국가를 만들 뻔 했던 것은 부인할 수 없는 사실이었습니다.

황장엽

황장엽 (전 북한 노동당 비서) :
우리가 처음 해방을 맞이할 때 독재가 나쁘고,
민주주의가 좋다는 것을 제대로 알았는가? 알지 못했어요.

러시아를 따라갈 것인가? 미국을 따라갈 것인가?
'미국은 자유가 있어서 좋다',

'러시아는 다 같이 일하고, 다 같이 잘 산다고 하는데
그거 괜찮다'... 이런 정도로 생각했어요.

그런데 잘못 방향을 선택하다 보니까
이게 천지 차이가 나게 된 겁니다.

전자열

전자열 (예비역 육군 소장, 6·25 참전용사) :
이승만 박사 훌륭합니다. 우리가 뭘 알았어요?
안 사람이 거의 없다고 해도 과언이 아닙니다.
다른 정치가들 다 몰랐어요.

김병관

김병관 (예비역 육군 대장, 한미안보연구회장) :
이승만 대통령 외에는 그렇게 잘 몰랐을 겁니다. 특히 독립해야 한다는 건 알지만, 자유민주주의 국가가 되어야 한다는 생각은 그 당시 독립운동을 해 오던 국내의 정치 지도자들에게서 강하지 않았다고 봅니다.

전자열 :
국회를 세우고, 자유민주주의 국가를 만든 겁니다.
그게 위대한 업적 중에 제일 큰 업적입니다.

김병관 :
이승만 대통령의 경우에는 그것을 충분히 예견하고,
미리 준비해야 한다는 생각을 가졌습니다.
국내에서 많은 반대가 있었지만, 그것을 다 누르기도,

설득하기도 하면서 소신을 가지고 밀어붙였습니다.

이승만 반공연설 재연.

재연 E - *이승만의 주장. 단상에 오른 이승만이 연설한다.*

이승만 : 공산주의 사상은 용납할 수 없습니다. 공동 분배
를 위해 관리해야 한다며 사람들을 통제하고,
자유를 억압하는데, 어떻게 공존할 수 있습니까?
인간에게는 자유로워지고자 하는 본성이 있습니다.

그런데 공산주의는 그 본성, 고귀한 자유를
박탈하기 때문에 백성들은 노예가 됩니다.

내레이션 : 이승만의 생각과 주장은 옳았고, 이는 소련에게
장악당한 북한에 의해 증명되었습니다.

전자열 :
소련 군대에는 무식한 사람들과 죄수 출신이 많았는데
전쟁터에서 죽으라고 일선에 보낸 겁니다.

당시 이북 지역에 물건도 많고, 여자도 있으니 손목시계
등을 빼앗고 횡포를 부렸습니다.

부녀자들을 해할까 봐 마을에 줄을 매어 소련군이 오면
줄을 당겨 비상경계 신호를 울렸습니다.

손목시계 빼앗고, 여자들을 잡아 겁탈하려고 했으니까요.

백선엽 :
38선 이북에는 소련군이 들어와 김일성을 내세워 점차
공산당 정치를 시작했습니다. 그때 저는 조만식 선생을
모시고 있었는데, 조만식 선생이 공산정권을 반대하자
감금당했습니다.

그래서 우리는 북한에서 살 수 없다고 판단해
1945년 12월 말 38선을 넘어 서울로 피난 왔습니다.

내레이션 : 학벌, 지식, 해외경험을 두루 갖춘 이승만과
같은 인물을 찾기 어려웠던 시절, 이승만은
국민들의 전폭적인 지지를 얻어
초대 대통령이 되었고, 나라를 세워갑니다.

(인터뷰 : 이승만 대통령은 영토, 국민, 주권을 가진
　　　　　대한민국을 건국했습니다.
　　　　　이렇게 건국된 나라는 세계적으로 인정받았습니다.
　　　　　건국 직후의 과정은 결코 순탄하지 않았습니다.)

내레이션 : 이승만은 미국, 북한은 물론 건국을 반대하던
　　　　　남한 내 공산주의자들과도 싸워야 했습니다.
　　　　　한반도 공산화를 원했던 남한 내 좌익, 공산
　　　　　주의자들! 그들은 대한민국 건국을 전후하여
　　　　　1946년 10월 대구 폭동, 1948년 제주 4·3
　　　　　사건, 여순반란사건 등을 일으켜 자유민주주의
　　　　　국가 건설을 방해했습니다.

　　　　　그들은 어떤 만행을 저질렀을까요?

김성석

김성석 (제주 4·3 희생자 유족) :
이웃 마을에 큰불이 났고, 마을 구장(이장)과 부인이 죽
고, 집도 다 소각되었다 했습니다. '그럴 리가 있나?' 하고
… 그때 저는 초등학생이었는데, 친구들과 가 보았습니다.

가서 죽은 부인을 봤는데, 임신해 8~9개월 정도 되어 보였습니다. 좌익들이 방앗간에 데려가 난도질을 했습니다.

그래서 죽은 태아가 나왔습니다. 그것을 우리가 봤단 말입니다. 볼꼴이 아닙니다!. 어린 시절이었지만, '사람을 이렇게 무참하게 죽일 수 있나?' 하는 생각이 들었습니다.

김용삼 :
죽이는 것 기록을 보면 산 채로 사람을 생매장하질 않나, 살아 있는 사람들이 집에 있는데 불태워 죽이지 않나, 경찰이 무슨 죄가 있다고 경찰의 눈을 뽑고, 혀를 자르고, 목을 잘라 죽이고 ...

이런 만행은 공산주의자들의 전형적인 수법입니다.
왜 공산주의자들은 이렇게 끔찍하게 죽이느냐?

공산주의에 반대하는 자들이 어떤 꼴을 당하는지를 보여주려고 의도적으로 끔찍한 살해 방법을 택합니다.

손동희

손동희 (여순 반란사건 피해자 유족) :
'여순 반란사건'은 원래 제주도 '4·3 사건'부터 이어져 내려온 것입니다.

사람들이 여기저기서 웅성웅성해서 가서 엿들으니 '지금 여수와 순천에는 공산주의자들이 침입해서 불바다를 만들어 놨다'는 겁니다. 그래서 저는 순천을 향해 뛰었습니다.

그때 여수와 순천 사이의 길은 험악했습니다. 공산주의자들은 제 세상을 만난 듯 "인민공화국 만세!"를 불렀습니다. 공산주의자들이 총, 칼을 가지고 트럭을 타고 여수와 순천을 누비며 다녔습니다. 조금만 이상해도 총으로 쏴 버렸습니다. 그때는 사람의 목숨이 파리 목숨보다 못한 시절이었습니다.

떨면서 순천 시내에 도착하니 사람 썩는 냄새, 피비린내 … 그런 생지옥이 없었습니다. 시체가 산더미를 이루고 있었고, 사람들은 시체 더미를 이리저리 뒤졌고, 자기 가족 찾겠다는 아우성, 전봇대에 매달아 놓은 시체, 알몸으로 죽인 시체, 불에 탄 시체 … 이것이 우리가 너무나 잘 아는 '여수 순천 반란사건' 비극의 현장입니다.

내레이션 : 건국을 방해했던 좌익의 계획은 실패로 끝났으나 남한은 큰 충격과 타격을 받았습니다.
소련에 의해 조직화 된 북한과 달리 남한의

정세는 매우 불안정했습니다.
이승만은 이제 막 건국된 나라가 북한
공산당의 침략을 받을까 봐 우려했습니다.

이승만은 신생 대한민국이 자립할 능력을
갖출 때까지 미군의 주둔을 요청했으나,
한반도의 전략적 가치를 낮게 본 미군은
1949년 6월이 되자 대한민국을 떠났습니다.

상황은 한반도 공산화, 무력침공을 계획한
북한에게 유리하게 흘러가고 있었고,
이승만이 그토록 우려했던 일은
머지않아 현실이 되었습니다.

#10. 6·25 발발 당시 상황 설명 인터뷰

북한이 기습적으로 남한을 침략해 시작된 6·25 전쟁

신종태

신종태 (교수, 군사전문가 / 군사 서적 저자) :
당시 북한군은 20만 명인 것에 비해서
한국군은 10만 정도에 불과했습니다.

특히 북한군은 242대에 달하는 T-34 전차를 가지고
있었지만, 한국군은 전차 한 대 없었습니다.

북한군 전차, 소련제 T-34

그리고 공군의 경우 북한군은 211대에 달하는 항공기가 있었는데 한국 공군은 22대의 연습기밖에 없었습니다.

대학생과 초등학생 정도의 전력 격차가 있었습니다.

내레이션 : 이승만 대통령과 UN군의 전폭적인 신임을 받았던 백선엽 장군. 6·25 전쟁 당시 큰 활약을 했던 백 장군은 백발의 노인이 되어서도 그 당시 처절했던 기억을 생생히 떠올렸습니다.

백선엽 :
우리나라 서울을 방어하는데 아주 중요한 지역입니다.
여기가 '파평산 진지'라고 하는 곳입니다.
한국 1사단이 여기서 방어를 했고,
오늘날도 이 지대가 중요한 요지, 요부입니다.

북한 공산군은 'T-34' 전차를 가지고 왔어요. 전쟁발발 전 우리 병사들은 적의 전차를 본 적이 없었습니다.

바주카와 대전차포가 있었으나 소련제 T-34 전차를 공격할 만한 무기가 되지 못했습니다. 그래서 수류탄과 지뢰를 가지고 육박 공격을 해 봤는데 그것도 성공하지 못했습니다.

그래서 우리 병사들은 전차만 보면 "전차! 전차!"하며 공포증에 걸렸던 것도 사실입니다.

이승만 대통령에게
피신을 권유한 영부인.

#11. 재연 F – *서울에 남겠다고 고집부리는 이승만.*
이승만을 설득하는 프란체스카.

내레이션 : 절대 열세에 있던 국군은 속절없이 북한군에 밀렸습니다. 위기 속에서도 이승만은 서울에 남아 있기를 고집합니다.

이승만에게 피신을 권유한 영부인 재연.

기적의 시작 88

[재연 F]

이승만 : 국민들을 두고 나 혼자 서울을 떠날 수 없어.

프란체스카 : 당신은 이 나라의 지도자입니다. 당신이 잡히거나 죽으면 우리나라도 끝나는 겁니다.
우선 안전한 곳으로 피하세요!

이승만 : 아니오! 난 여기 있을 거요!

프란체스카 여사의 강권에 고민에 빠지는 이승만

조혜자 :
피난 가셔야 한다고 옆에서 그랬는데, 그분이 나가시면 서울을 포기해야 하니까 끝까지 안 나가셨습니다. 그런데 미아리까지 북한군이 진입하니 할 수 없이 피난 가셨습니다.

전쟁의 처참함 묘사하는 기록영상 소개.

황대형

황대형 (예비역 육군 상사, 6·25 참전용사) :
전차를 처음 봤죠. 그때는 2.36인치 로켓포와 81mm
박격포밖에 없었는데 그것들로는 소용도 없었습니다.
기관포로 쏴도 불꽃만 번쩍였지 소용없었죠.
전차를 당해낼 무기가 없으니 도망쳤죠.

백선엽 :
전차가 돌파해서 특히 의정부 쪽이 빨리 무너졌어요.

황대형 :
전우의 시체를 '넘고 넘어'가 아니라 '밟고, 밟고'입니다.
왜냐면 시체를 넘고 넘는 것은 겨울에 시체가 그냥 있지만,
여름에 한 2주 만 되면 온전했던 시체도 다 썩습니다.
부글부글하고, 배는 부풀어 올라 펑 터집니다.

그러면 거기에 구더기가 버글버글합니다.

전자열 :
저기도 육박전, 우리도 육박전 해서 다친 겁니다.

황대형 :
시체가 죽었다고 포탄이 피해 가는 게 아닙니다.
또 맞아 폭발합니다. 폭발 후 시신의 일부가
사람을 피해 떨어지지 않습니다. 아무 데나 떨어집니다.

이런 데 한번 맞으면 아픈 것 보다 …
썩은 사체를 맞으면 옷에 그대로 묻습니다.
어디서 세탁해 입을 곳도 없어,
송장 냄새 그대로 짊어지고 다니며 맡는 겁니다.

전자열 :
간부가 거의 다 다친 겁니다. 없다시피 한 겁니다.
그때의 그 비참한 광경은 이루 말할 수 없습니다.

권주혁

**권주혁 (국제정치학 박사,
'헨더슨 비행장' 외 군사서적 10권 저술) :**
3년 1개월간 계속된 한국전쟁은 초기 1년간은 기동전이었습니다. 그리고 나머지 2년은 교착된 전선에서 피아간 한 치의 땅이라도 더 차지하려는 치열한 '고지전'이었습니다.

전쟁이 발발하고 2개월이 안 되어서
국군은 낙동강 전선까지 밀려 내려갔습니다.

대한민국이 사라질 위기에 처했었습니다.
국군은 처절한 전투를 이어갔습니다.

백선엽 :
국군과 UN군은 초기에 김일성의 군대와 전쟁을 했죠.
김일성의 군대는 낙동강 전선에서 전멸하듯 패했습니다.

그러나 이것만으로는 도저히 해결이 안 된다고 생각한
맥아더 장군이 '인천상륙작전'을 거행합니다.
1950년 9월 15일 인천 상륙을 감행했습니다.
적의 허리를 찌르고, 우리는 남한을 다시 수복했습니다.
압록강, 두만강을 향해 UN군과 한국군이 북진합니다.

이때 우리는 우리의 손으로 통일이 될 줄 알았습니다.
그런데 여기에 뜻하지 않은 중공군이 개입하게 됩니다.
한국전쟁 초기 1년은 김일성의 부대와 싸웠고,
이후 2년 동안은 주력이 된 중공군과 전쟁을 합니다.

내레이션 : 빨리 끝날 수 있을 거라 생각되었던
전쟁은 길어졌습니다.

1951년 7월부터 시작되었던 휴전회담은 지지
부진했고, 미군과 UN군은 서서히 지쳐갔습니다.

정일화

정일화 (정치학 박사, 전 한국일보 워싱턴 특파원) :
3년 동안 전쟁을 하다 보니까 돈도 돈이지만 사람들이 너무 많이 죽었습니다. 미국인 3만 7천 명 정도가 전사했고, 20만 명 정도 부상했습니다.
그 당시 한국전쟁에 왔던 미국 군인들을 보면 미국의 장래를 책임질 고급 인력들이었습니다.

명문대 학생들이 굉장히 많았습니다. 하버드, 예일, 프린스턴 같은 명문 대학들 중 참전하지 않은 대학이 없었습니다. 이들이 몇 천 명, 몇 만 명 죽어가니 미국 사람들이 감당하기가 어려워 도저히 안 되겠다고 생각했습니다.
염전 사상이 일어났습니다.
그래서 휴전협상을 하라고 서둘렀습니다.

이승만 대통령은 "그건 너희 사정이고,
우리는 휴전하면 안 돼!" 하고 강력히 버텼습니다.

#12. 이승만 제거작전

내레이션 : 자국 청년들을 계속 희생시킬 수 없었던 미국! 이대로 휴전하고 미군이 물러가면 공산군에 의해 다시 침략당할 것이 뻔했던 신생 약소국 대한민국!. 이승만은 이대로 전쟁을 끝낼 수가 없었습니다. 그의 의지가 너무 강한 것을 확인한 미국은 설득 대신 다른 계획을 실행에 옮깁니다.

정일화 :
이분이 휴전협정을 하도 반대하니까 미국이 안 되겠다고 해서 이분을 제거하기 위한 '에버레디 작전'을 구상했었습니다. 그 당시 책임자가 '클라크' 장군이었습니다.

마크 클라크 장군.

이분이 UN군 사령관으로 와서 이승만 제거 작업을 맡았습니다. 그런데 그분 회고록을 보면, 이승만을 제거할지 말지 본인도 연구해야 했습니다.

그래서 이승만을 만나 "당신은 자유민주주의 국가 대통령인데, 독재자로 온 세계가 알고 있다. 독재자 이름으로 우리가 전쟁을 하고, 평화와 안전을 도모할 수 있겠습니까?"라고 묻습니다.

미국 정부가 당신을 제거하려고 한다는 뜻이었습니다.
이승만 대통령이 "당신 정말 말 잘했소.
자네가 자유민주주의란 게 뭔 줄 알아?"라고 하고는
미국 헌법이 7조로 되어 있는데,
후에 27조 수정헌법이 생겼죠.

이걸 다 외우면서 미국 헌법 1조가 뭔지 아는지 묻더랍니다. '국가는 어떤 경우에도 양보할 수 없는 게 있다',

'국민이 어떤 역할을 해야 하는지 아는가?',
'지도자는 뭘 해야 하는지 아는가?

국가를 지키고, 국민의 생명을 지켜야 한다'는 것, 수정헌법까지 쫙 다 설명을 하더랍니다. 책도 안 보고 …

그러니 클라크가 '이분은 도저히 범접할 수 없는 분이다!',

'자유민주주의에 대해서는 토론의 여지가 없다'며 끝내고, 이후 클라크는 더 이상 이승만에 대한 왈가왈부하는 여론을 받아들일 수 없게 되었다고 설명했습니다.

이승만이란 분은 그 당시로도 탁월한 분이지요!

유지윤 :
이승만 대통령은 북진 통일을 희망했으나 여러 가지 여건상 실현하기 어려웠습니다.

장삼열

장삼열 (정치학 박사, 한미안보연구회 사무총장) :
남북통일이 안 된 상태에서 휴전이 되면 제2의 6·25전쟁이 한반도에서 일어날 것이 가장 큰 걱정이었습니다.

그걸 방지하기 위한 가장 효과적인 대책이 상호방위조약이었습니다. 그러다 보니 미국이 호락호락하지 않았습니다.

석방된 반공포로들이 이 대통령의 초상화를 들고 가는 모습.

반공포로 석방.

유지윤 :
미국이 선뜻 응하지 않자 '반공포로 석방' 같은
극단적인 방법을 통해 본인의 뜻을 이뤄 냅니다.

(* 보충설명 : 미국과 UN군은 휴전을 하고 한반도에서 하루라도 빨리 정리하고 나가려고 공산 측의 요구를 상당 부분 수용하여 포로교환 합의를 하였습니다. 그러나 이승만 대통령은 개개인의 의사를 파악해, 잡힌 공산군 포로 중 자유진영에 남기를 희망하는 이들은 석방하자는 뜻을 가지고 있었습니다.

 공산진영에서는 모두 본국으로 돌려 보내달라고 요구했고, 미국도 공산 측의 의견을 따라 주었습니다. 이대로 물러 날 이승만이 아니었습니다. 반공포로 석방은 이승만 대통령의 지시로 예고도 없이 갑작스럽게 이루어졌습니다. 포로교환에 합의를 했던 UN군과 공산진영 모두 큰 충격을 받았습니다. 합의가 무효가 되어 다시 원점에서 시작해야 했기 때문입니다.

 그동안 강대국들은 '설마 이승만이 그렇게까지 하겠는가?'하고 대수롭지 않게 생각했다가 큰 오판을 한 것입니다. 이 사건을 계기로 전 세계가 경악했고, 이승만 대통령은 대한민국이 주권 국가임을 확실히 대내외에 보여 주었습니다. 휴전을 하기 위해서 이승만 대통령의 협조가 꼭 필요했기 때문에 강대국들이 이승만 대통령의 눈치를 볼 수밖에 없는 상황이 되었습니다. 그때까지 중국은 대한민국을 미국의 꼭두각시 정도로 얕잡아 봤다가 반공포로 석방을 계기로 크게 놀라 이승만 대통령에 대한 두려움을 가지게 되었습니다.)

정일화 :
조약이란 것은 항상 주고받는 것이 있어야 하는 겁니다.
그 당시 우리는 사실상 미국에 줄 게 없었습니다.
전쟁도 미국 사람들이 와서 해 줬죠.
경제도 군사원조로 겨우 꾸려나간 입장이었습니다.

한미상호방위조약이 6조로 되어 있습니다.
전문에 뭐라고 쓰여 있냐면 …
'태평양 지역의 평화와 안전을 강화하기 위해 우리 두 나라는 공동으로 방어할 책임을 갖는다'고 되어 있습니다.
미국이 침략당하면 대한민국이 돕고,
한국이 침략당하면 미국이 돕게 되어 있습니다.

이걸 보고 미국 사람들이 정말 화를 냈습니다.
아니, 한국은 겨우 원조로 살아가고 있고, 전쟁도 미국이 해 주고 있는데, 대등한 입장의 조약을 한 것이 말도
안 된다고 생각했습니다.

그런 조약을 해서는 안 된다 … 이런 거 하지 말라는 분위기가 워싱턴에 많이 있었습니다. 그것을 우리가 들여다 보면 참 웃음이 나는 그런 조약입니다.
그럼에도 불구하고 미국은 그 조약에 결국 서명을 했습니다. 미국의 입장에선 말 같지 않은 … 그런 조약을 이승만 정부에서 해냈습니다.

권주혁 :
흔히들 6·25 한국전쟁을 '이기지도, 지지도 않은 전쟁'이라고 합니다. 하지만 세 가지 이유에서 한국전쟁은 대한민국이 승리한 전쟁입니다.

첫째, 북한 공산군은 한반도를 적화통일하려는
       목적을 이루지 못했습니다.
둘째, 대한민국의 영토는 전쟁 전보다 약 7% 늘어났습니다.
셋째, 국군과 UN군의 인명피해 보다
       공산군 측의 피해는 두 배 정도 많았습니다.

이와 같은 이유로 비록 K.O. 승은 아니지만
대한민국이 판정승으로 승리한 것입니다.

내레이션 : 만 나이 80세를 바라보던 이승만은 6.25 전쟁을 승리로 이끌고, 한미상호방위조약을 체결했습니다.

       스스로 나라를 지키기 어려운 상황에서
       미국을 움직여 이 문제를 해결했던 것입니다.

       덕분에 우리나라는 국가 안보에 쏟을
       재정과 노력을 경제발전에 쓸 수 있었습니다.
       이승만은 한미동맹을 통해 대한민국 번영의
       기틀까지 마련했던 것입니다.

#13. 재연 G - *이승만 연설*

이승만의 한미동맹 연설 재연.

이승만 : 한미상호방위조약으로 우리는 국가의 안전을
　　　　 보장받을 것입니다. 그리고 이 조약으로
　　　　 자자손손 번영을 이룰 것입니다.
　　　　 북한 동포들이여, 실망하지 마시오!
　　　　 절대 잊지 않습니다!

장삼열 :
한미동맹으로 얻은 이익이 뭐냐고 하면
책으로 한 권 써도 될 겁니다.
지난 70년 동안 북한에서 약 3천 번이 넘는 다양한 국지
도발을 해 왔습니다. 그런데 큰 전쟁은 없었지 않습니까?

이게 바로 주한미군 주둔 효과이고, 한미동맹이 있어 북한이 함부로 대한민국에서 전쟁을 일으키지 못했다고 할 수 있습니다.

두 번째는 경제발전입니다.
모든 것은 미국의 군사원조와 UN군 지원, 안보 우산 속에서 경제발전에 집중함으로 '한강의 기적'을 일구었습니다. 그래서 그 '한강의 기적'은 바로 한미동맹과 주한미군 주둔의 결과라 생각할 수 있습니다.

세 번째는 한국군의 현대화입니다.
미군과 함께 연합근무 체제를 유지하고, 함께 근무하니 한국군 장교나 간부의 수준이 엄청나게 올라가는 겁니다. 그게 바로 다 주한미군과 함께 연합 근무한 결실이라고 믿습니다.

#14. 북한인권 실상

내레이션 : 모든 것을 내려놓고 은퇴할
고령의 나이에 대통령이 된 이승만.
그의 앞에는 강력한 적들과 도저히 해결
불가능해 보이는 문제들이 많았습니다.
나라사랑에서 우러난 뜨거운 열정이 없었다면
노인 이승만은 나라를 세우고, 지키는 일을

포기했을 것입니다.
건국 당시 이승만이 없었다면, 우리가 살고 있는 오늘의 대한민국은 어떤 모습일까요?
아마도 그것은 현재 북한의 모습일 것입니다.

전자열 :
우리나라 최대 은인이 이승만 박사입니다. 왜? 자유민주주의 국가를 세웠기 때문에 … 그게 큰 공 중에 최고의 공입니다. 공산주의 국가가 되었다고 생각을 해 봐요.

허영철

허영철 (탈북민 사업가) :
공산당에서 지주와 자본가의 재산을 빼앗아 가난한 노동자와 농민들한테 나눠줬다 … 처음엔 그렇게 했습니다. 빼앗았는데 그다음에 또 빼앗을 부자가 있어야 합니다. 그런데 이미 다 빼앗아 더 이상 부자가 없어졌죠.

부자들은 이미 다 평민이 되었거나 처형당했습니다.
그럼 빼앗을 대상이 없어 … 공산주의 모순입니다.
그다음엔 권력자들이 노동자, 농민의 것을 빼앗아 먹을 수

밖에 없는 겁니다.
'착취 계급'은 없어지고, 새로운 '지배 계급', '권력 계급'이 생깁니다. 북한과 남한에 살아 봐서, 과연 '지주, 자본가 계급'하고, '지배, 권력 계급' 중 누가 더 우리 국민에게 좋은가? 하면 저는 '지배 계급'은 아니라고 봅니다.

남한에서 우리가 어떤 사장 밑에서 일했는데 악덕 업자인 것을 알게 되면 일하기 싫으면 안 하면 됩니다.
그런데 공산국가에서는 아닙니다.

내가 원치 않아도 공산당이 시키는 대로 해야 합니다.
'지주, 자본가 계급' 보다 더 사악한 겁니다.

황장엽 :
오늘날 남과 북의 차이는 문자 그대로 천지 차이입니다.
북한에서는 인권문제 없다고 하는데 사실입니다.

인권문제에 대한 개념이 없으니
인권문제가 있다고 생각을 안 합니다.

공개총살이나 재판 없이 처벌하는 것을
인권유린이라 생각도 안 하고 있어요.

내레이션 : 북한에서는 소련의 꼭두각시였던 김일성 그리고
그의 뒤를 잇는 자손들을 '신'으로 떠받듭니다.

이승만 대통령 주장 그대로
북한 주민들은 노예가 되었습니다.
북한 주민들은 김씨 일가의 뜻에 복종하지 않
거나, 반대하면 혹독한 대가를 치르게 됩니다.

전자열 :
할아버지부터 아버지, 자식에게 권력 물려주는 세상이
지금 어디 있습니까? 그렇게 하고도 지금 끄떡없죠.

독재에 반대하면 죽이고, 강제수용소에 보내니까요.
강제수용소 5~6개가 있다는 것 아닙니까?

1만 5천 명씩 총 10만 명 넘게 있다는 것 아닙니까?
그렇게 되는 거 아닙니까? 완전 독재죠.

#15. 모순점

내레이션 : 흔히 이승만을 독재자라고 비난하는
             이들에게는 공통점이 있습니다.
             그들은 인권을 위한다고 하거나,
             독재자를 증오한다고 합니다.

             독재자를 증오하고, 인권을 위한다는 그들은
             왜 대를 이어 현존하는 북한 독재자 집안 문제

에는 침묵하는 것일까요?
그리고 왜? 북한 동포들이 지금 이 순간에도 당하는 인권유린에 대해서는 아무 말도 없는 것일까요?

모순적인 언행을 일삼는 그들!
혹시 그들이 진짜 하고 싶은 말은
'이승만이 만든 대한민국 정부에
정통성이 없고, 북한에 있다?'
'북한과 함께 적화통일이 된 국가에서
살아야 한다'는 것 아닐까요?

#16. 교육 · 경제 · 국방 · 원자력

유지윤 :
건국 당시 우리나라에는 이승만 만큼 학벌이 뛰어나고, 외교능력이 탁월하고, 공산주의를 잘 알고, 막을 만한 인물이 그렇게 많지 않았습니다.

훗날 미군 어느 장성이 "베트남에도 이승만과 같은 인물이 있었다면 아마 베트남은 공산화되지 않았을 것이다"라고 한 것을 보면, 이승만 대통령이 우리나라에 얼마나 필요한 존재였는지 알 수 있습니다.

내레이션 : 이승만은 자유민주주의 국가를 세운 후 우리나라의 경제발전과 산업육성을 위해 많은 노력을 하였습니다.

이용희

이용희 (가천대학교 교수) :
이승만 대통령이 대통령으로 취임하신 후 가장 역점을 둔 것 두 가지가 있는데 '농지개혁'과 '교육개혁'입니다.
이것은 오늘 한국경제 발전의 토대가 된 중요한 개혁이었습니다. 그 당시 우리나라는 국민의 약 80%가 농민이었습니다. 농민들 가운데 약 86%가 소작농이었습니다.

김용삼 :
지주, 소작 관계는 '한번 부자는 영원한 부자, 한번 가난한 자는 영원히 가난한 자' 이 굴레에서 못 벗어나는 거였습니다. 이것을 다 타파하고, '땅은 농사를 짓는 사람에게 돌려주자'라고 하는 '경자유전의 원칙' 하에 지주와 소작의 관계를 뒤집어엎는 혁명을 일으킨 거죠.

이용희 :
1950년도 초부터 농지개혁을 시행했는데, 소작농을 위한

법이었다는 것을 알게 됩니다.

농림부에서 만든 법은 '농민들이 수확의 50%를 정부에 6년 동안 내면 개인 명의로 땅을 나눠 준다'고 했습니다.

한 해 수확의 300%를 6년에 걸쳐 내는 겁니다. 굉장히 좋은 조건 아닙니까? 그런데 이승만 대통령이 그것도 너무 많다며 50%를 30%로 낮춰준 겁니다. 그리고 기간도 1년을 단축한 겁니다. 한해 수확량의 150%만 5년간 나눠서 내면, 개인 명의로 땅을 다 넘겨 준 겁니다.

김용삼 :
가난했던 사람들이 굉장히 유리한 조건으로 땅을 취득함으로 인해서 이제부터 누구나 다 열심히 일하면 당대에 신분 상승이 가능한 나라가 만들어졌어요.

이용희 :
이렇게 좋은 정책을 펴서 국민적 호응을 얻었습니다. 이것이 시행된 후 조금 있다가 6·25 전쟁이 터졌습니다. 그래서 북한 공산군들이 와서 토지 개혁해서 땅 준다고 했을 때 우리나라 농민들이 거기에 안 넘어갔습니다.

김용삼 :
두 번째로 우리가 근대화하는 과정에서 훈련받은 인재들,

국민을 문맹에서 깨우치기 위한 교육혁명을 들 수 있습니다.

국가의 백년대계를 위해서는 엘리트 인재와 문맹에서 깨어난 백성들이 가장 중요한 겁니다. 이 두 가지를 위해서 이승만 대통령이 많은 노력을 했는데 ...
전체 국가 예산 중 51%를 국방예산에 투입했습니다.

나라를 지키는데 전체 예산의 51%를 투입했던 거죠. 그다음에 교육예산에 17%를 투입했습니다.

조평세 :
건국되자마자 한국전쟁으로 완전히 폐허가 됐잖아요? 그때부터 1959년경까지 10년도 안 되는 그 기간 동안 한민족의 문맹률을 80%에서 20%까지 낮추고, 초등학교의 개수를 두 배로, 중학교의 경우 8배 정도 많이 늘어나게 했던 것은 다른 개발도상국에서는 사례를 찾기 어렵습니다.

이용희 :
그때는 국가가 학교를 짓느라고 온 힘을 쏟은 겁니다.
제가 어릴 때 공립학교 교실이 부족해서 3교대를 했습니다.

오전반, 오후반, 늦은 오후반 ... 그렇게 3교대를 하면서까지 아이들을 교육시킨 겁니다.
이승만 대통령은 교육의 문호를 열어서 전 국민이 교육받도록 의무화했고, 고급인력 배출을 위해서 무려 대학생 수를 12배 이상 늘렸다고 하니 이것은 우리나라 경제발전의 토대가 되었다고 할 수 있습니다.

김용삼 :
이승만 대통령은 에너지가 문명을 바꾼다는
사실을 아주 오래전부터 통찰하고 있었습니다.

이병령

이병령 (원자핵공학 박사) :
1955년도에 이승만 대통령이 원자력 발전을 해야겠다고 결심을 했습니다. 그 당시 우리나라 1년 국민소득이 1인당 미화 $60이었습니다. 거의 모든 국민이 굶었다고 봐도 과언이 아닙니다.

그런 상황에서 원자력 발전을 하겠다는 게 '용기' 또는 '무모한 것'인데 1959년까지 여러 가지를 준비했습니다. 짧은 시간 내에 하신 일이 숨 가쁘게 진행됐습니다. 1956년도에 '한미원자력협정'을 체결합니다. 협정 한 건 체결하려 해도 적어도 3~4년은 걸리는 데 불과 1년 만에 체결해 도움을 받기로 합니다.

한양대학교, 서울대학교에 '원자력공학과'를 설립, 1959년 미국 연구용 원자로를 들여와서 연구하게 합니다.

김용삼 :
그리고 이것을 연구하기 위해 국비유학생을 뽑아
해외에 유학 보내 원자력 전문가들을 양성합니다.

이승만 정부는 국가에 돈이 생기기만 하면 해당
분야의 전문가들을 뽑아 계속 해외 유학을 보냈습니다.

이병령 :
IAEA(국제원자력기구)에 가입합니다.
그리고 1959년도에 '한국원자력연구원'을 창립합니다.

말하기는 간단하지만 많은 돈과 기획력이 필요한 건데
그걸 짧은 시간 내에 기초를 확실히 닦았습니다.

김용삼 :
'우리는 공업으로 나가야 된다'며 대한민국의 진로를 공업화로 세웠다는 것이 이 대통령의 결정적인 공헌입니다.
말로만 그러신 게 아닙니다. 1953년 4월 4일, 내각에
'철강공장을 건설하라'는 특별지시를 내립니다.

그래서 정부에서 일본사람들이 인천에 소규모 제철공장 운영하던 것이 있으니까 그것을 국영 기업으로 만들어

'대한중공업공사'로 만들고, 거기서 제철소를 만들자고 결정합니다.

그래서 '제철소 건설안'을 만들어서 미국 원조 당국에 '우리 철강공장을 지으려 한다'고 원조를 요청합니다.

미 원조 당국이 "사람들이 굶어죽고 있는 판에 무슨 철강공장을 짓느냐?" "이승만 저 노인네 노망든 것 아니냐?"며 철강공장 건설안을 무시해 버립니다.
그래서 우리 자체 보유분 외화를 동원, 국제입찰을 붙여 선정된 곳이 서독의 'Demag社'입니다.

그 당시에 철강 분야에서 독일이 상당한 선진국이었습니다. 그래서 서독의 데마그사가 인천 대한중공업공사에 '평로'라는 소형 용광로를 건설합니다.

여기서 나오는 쇳물로 철근을 만들고, 철판을 만드는 압연공장까지 만들어 이미 우리는 1959년부터 철강재를 생산해 해외수출 할 수 있는 여건이 만들어져요.

따라서 이승만 대통령 시절, 이 결단을 내리지 않았다면 '포항제철'이라는 신화는 만들어지기 힘들었을 겁니다.

박정희 대통령 시절 이루어졌던 거의 모든 일의 배후를 들어가 보면 이승만 대통령 시절에 이미 진행이 되었던 거죠.

이승만 대통령 시절의 노력이 있어서, 필요한 인재를 기르고, 최소한의 시설을 만들고, 경험을 쌓았기 때문에 우리가 박정희 대통령 시절에 큰 업적을 이룰 수 있었던 것이죠. 이런 분야가 부지기수입니다.

내레이션 : 자유민주주의 국가를 건국하고, 산업화의 토대를 만들어 나라를 위해 크게 기여한 이승만. 그런 그를 왜 '독재자'라고 부르는 이들이 생겼을까요?

유지윤 :
그럼에도 이승만 대통령은 '3선 개헌을 통해 당선된 독재자'라는 비난을 듣게 되었습니다.

이승만은 4선 대통령에 당선되었지만, 그 밑의 사람이 부정을 저질러 '부정선거'란 누명을 쓰게 된 것입니다.

#17. 4·19 당시 자료화면

자막 : 3선 개헌, 제4대 부통령 부정선거로 일각에서 '독재자'란 비난을 강하게 받게 된 이승만

내레이션 : 휴전 이후 고령이 된 이승만을 보좌하던 측근들은 자신들의 권력 야욕을 충족시키려다가 이승만에게 큰 타격을 입히고 맙니다.

3선 대통령으로 당선된 이승만.
그러나 부통령 자리를 두고 그의 측근들은
부정선거를 하는 잘못된 선택을 하였습니다.

김재동 :
1960년 3월 15일, 대통령이 고령이었습니다.
자유당 의원들은 대통령의 유고사태를 염려했습니다.

대통령이 세상을 떠나면 (그 당시 법에 의해) 부통령이
대통령이 되어 정권은 자동으로 뒤바뀌게 되는 것입니다.
그래서 3·15 부정선거는 대통령이 아닌 부통령 선거의
부정선거였던 것을 아셔야 합니다.

야당의 대통령 후보 조병옥 선생은 치료 차 미국으로
갔다가 세상을 떠났습니다. 안타깝게도 ...
그래서 이승만 대통령은 4선 당선이 확실했던 것인데,
부통령이 누가 될 것이냐가 초미의 관심사였습니다.

그 과정에서 자유당 주도하에 부정선거가 발생했습니다.
마산을 시작으로 부정선거에 대한 데모가 시작되었습니다.

4월이 되어 서울을 중심으로 대학생들, 고등학생들이
나와 선거부정에 대해 항의하며 목소리를 높였습니다.
그렇게 4·19가 발생했습니다. 경찰의 발포로 180여 명이
사망하는 안타까운 사건이 일어났습니다.

#18. 재연 H

경무대에서 서서 창밖을 물끄러미 보고 있는 이승만.
곁에 서 있던 비서가 어렵게 말을 꺼낸다.
묘한 감정이 담긴 눈빛으로 창밖을 쳐다보는 이승만.

4·19로 고민에 빠진 이승만의 모습 재연.

김재동 :

1960년 4월 21일이 되어서 어떤 사태가 벌어졌는지 알게 되셨습니다. 왜냐면 측근들이 대통령의 눈과 귀를 다 가리면서 이야기를 하지 않았기 때문입니다.

나중에 뒤늦게 그런 상황을 아시고서 4월 22일 시위 중 다친 학생들을 위문하기 위해 서울대 병원에 가셔서 위로하시는데, 학생들이 대통령을 보면서 "할아버지! 할아버지!" 하며 울음바다가 되었답니다.

"학생들이 왜 이렇게 되었어? 불의를 보고, 일어서지 않는 백성은 어리석은 백성이야!" 하시며 칭찬하셨답니다.

집으로 돌아오신 후 "내가 맞았어야 하는 총알을
우리 어린 학생들이 맞았다"고 …
그 결과로 이승만 대통령께서 하야 하게 됩니다.

1960년 4월 26일, 대통령께서 스스로 결단하셔서
하야를 결심하시고, 방송을 내보내게 된 것입니다.

[이승만 대통령 육성 : 하야 성명]
나는 무엇이든지 국민이 원하는 것만 알면 민의를 따라서 하고자 하는 것이며 또 그렇게 하기를 원하는 것이다.

보고를 드리면 사랑하는 우리 청소년 학도들을 위시하여 우리 애국, 애족하는 동포들이 내게 몇 가지 결심을 요구하고 있다 하니 여기에 대해서 내가 아래 말하는 바를 할 것이며, 한 가지 내가 부탁하고자 하는 바는 이북에서 우리를 침략하고, 공산군이 호시탐탐 기다리고 있다는 것을 명심하고 그들에게 기회를 주지 말도록 힘써 주기를 바라는 바이다.

첫째는 국민이 원하면 대통령직을 사임할 것이며,

둘째는 지난번 정·부통령 선거에 많은 부정이 있었다고
하니 선거를 다시 하도록 지시하였고 ...

전자열 :
(하야 직후) 데모하던 학생들이 통곡했다는 것 아닙니까?
"이게 무슨 일입니까?" 하며 ...

"난 국민의 뜻을 몰랐다" 하시며 즉각 하야하셨습니다.
훌륭한 분입니다. 높이 받들어야 합니다.

노영애

노영애 ('이승만의 비전' 저자) :
흔히 '독재자'라고 하면 자신의 이익을 우선시하고, 권력을
이용해 국민을 착취하는 비인격적인 행동을 합니다.
수많은 독재자들이 자신을 우상화하기 위해 여기저기에
동상을 세웁니다. 그러나 건국 대통령 이승만한테서는
그런 모습을 찾기가 어렵습니다.

유지윤 :
오히려 대통령직을 수행할 당시에도 굉장히 근검절약하는
생활을 하셨고, 대통령직을 그만두실 때도 '국민이 원한다면!'하고 물러나셨고, 하야 후 하와이로 가신 후에는 경제적으로 많이 어려운 생활을 하셨다고 ...

#19. 재연 I - *고국을 그리워하는 이승만.*

부인의 권유로 집을 나서는 이승만의 모습 재연.

내레이션 : 만 80대 중반, 고령의 나이가 된 그는
부인의 권유로 요양 차 하와이로 떠납니다.
2~3주 가량 잠시 요양 차 갔던 하와이에서
뜻하지 않게 체류 기간이 길어졌습니다.

이승만은 첫 부인과의 사이에서 낳았던 친자
식을 전염병으로 잃고, 후에 양자로 삼은 아

들이 자살로 삶을 마감해 후손이 없었습니다.

후손이 없었던 이승만은 이 무렵 ...
늦은 나이에 '이인수'를 양자로 맞습니다.
이인수는 이승만의 말년에 하와이에서
이승만을 돌보며 우리나라
현안에 대한 대화를 자주 하였습니다.

양아들 이인수와의 대화 재연.

휠체어에 앉은 이승만과 양아들 이인수의 대화.

이승만 : 지금 우리나라 상황은 어떤가?

이인수 : ... 애국자들이 많고, 근면성실 하니 잘 될 겁니다.

이승만 : ... 그런가? ... (눈을 지그시 감고) ...
　　　　 그런데 ... 너는 남들이 잘된다, 잘된다 하는 말
　　　　 아예 믿지 마라. 이렇게 절단이 난 걸!
　　　　 우리나라 일이 그렇게 쉬운 게 아니다.

이인수 : 네 ...

이승만 : 지금 우리나라에서 남북통일을 위해
　　　　 나서는 이가 있는가?

이인수 : 우리 국민 모두의 소원이니 생각하고 있습니다.

이승만 : 그까짓 생각만 해서 뭘 해?
　　　　 아, 이승만이가 통일하려고 한바탕 했으면,
　　　　 (버럭 화를 내며) 또 누가 이어서 통일하려고
　　　　 한바탕 해야 할 것 아닌가?
　　　　 내 소원은 백두산까지 걸어가는 게야.

이인수 : ...

이인수

#20. 이승만의 귀국을 막은 대한민국 정부

이인수 (이승만 대통령의 양아들) :
제가 아버님을 뵐 때마다 '나라가 통일되는 것을 보고
싶은데 이렇게 객지에서 지내니 분하다'고 하셨습니다.

하루라도 빨리 고국에 돌아가야겠다고 하셨죠.
그런 말씀을 굉장히 많이 하셨습니다.

내레이션 : 하루 이틀 기약 없이 하와이에서 귀국할 날만
기다리며 지내던 이승만은 불안해졌습니다.
어찌된 영문인지 당시 대한민국 정부에서는
이승만의 귀국을 막았습니다.

이승만의 부인과 양아들 이인수는 이승만이
충격을 받을까봐 사실대로 이야기하지 못하고
있었습니다.

그 무렵 이승만은 한국 갈 여비를 모으기 위해
돈을 아끼며 모았는데, 심지어 이발 비용까지
안 쓰고 아꼈다고 합니다.

이인수 :
내일 한국 가는 비행기 표를 사게 된다니까
흥분하셨습니다. 가슴 뿌듯해하셨습니다.

마치 아이가 장난감을 품듯이 기뻐하셨습니다.
어머님도 마찬가지이셨습니다.
그런데 한국에서 귀국을 막으려 했습니다.
새벽에 한국에서 전화가 왔어요.

아버님 모르게 한국에서 귀국을 막는다고 하였습니다.
그래서 저도 흥분했어요. '이럴 수가 있는가!'
떠나려는 날 아침에 일어나셔서 간단히 식사하셨습니다.
그때도 이 대통령께서는 그런 사실을 모르셨어요.

아침 9시에 주하와이 한국 총영사가 왔습니다.
아버님이 소파에 앉으시고, 제가 옆에 앉고,
(아버님이 노인이시라 흥분하실까 봐)
제가 그분의 오른손을 잡고 ...

한국 총영사 이야기가 "오늘 귀국을 한국 정부가
연기하게 해 달라고 지시가 왔습니다."

연기(Postpone)란 것은 생각도 못 하셨는데
보통 사람들 같으면 실망을 표시했을 텐데 ...

아버님 하신 말씀이 "나라 일을 누가 하더라도
그저 국민들 위해 잘만 해 달라"고 당부하셨습니다.

총영사가 그 말씀 듣고 갔죠.

내레이션 : 고령의 이승만은 한국 귀국을 못하게 된 후
         큰 충격에 빠졌습니다.
         그의 건강은 하루가 다르게 나빠지고 있었습니다.

이인수 :
뭘 골똘히 생각하시니 병원장이 "닥터 리, 지금도 한국
가실 생각이세요?"하고 물으니 "Of course!",
'당연히 그렇다'고 하셔서 사람들이 깜짝 놀랐어요.

항상 동쪽을 바라보시며
"바로 저기가 우리 한인들이 사는 데야!"라고 하셨고,
'청량리 밖에는 노란 벼 이삭이 익을 때'라고 ...

#21. 재연 J - 바다 건너편을 보며 고국을 그리워하는
              이승만과 이승만을 위로하는 프란체스카 여사.

대한민국을 그리워하는 이승만과 프란체스카 여사.

이승만 : 바다 너머 저쪽에 대한민국이 있지.
　　　　올해에 풍년이 들어 우리 국민 모두 배부르고,
　　　　행복해야 할 텐데 ... 내 마지막 소원은 ...

대한민국에서 죽는 것 밖에 없소.

프란체스카 : ...
　　(아무 말 없이 이승만의 손을 쓰다듬으며 위로한다)

#22. 마지막 인터뷰

이인수 박사와
부인
조혜자 여사

이인수, 조혜자 :
어머님이 우리 애들한테 가르쳐 주신 노래가 있어요.
하와이에서 아버님 병상에서 부르던 노래인데 ...

'날마다 날마다 김치찌개, 김치국.'
'날마다 날마다 두부찌개, 두부국.'
'날마다 날마다 된장찌개, 된장국.'
'날마다 날마다 동태찌개, 동태국.'
그 노래! 그게 아버님이 좋아하시던 음식을 해드릴 수가 없으니 어머니가 노래로 불러드렸습니다.
그런데 그 노래를 우리 애들이 참 잘합니다.

내레이션 : 비록 몸은 하와이에 있어도
　　　　　마음은 항상 고국을 향하고 있었던 이승만 …
　　　　　이승만은 끝까지 우리나라를 위해 기도했습니다.

#23. 재연 K - *기도하는 이승만*

이승만 대통령의 마지막 기도모습 재연.

이승만 대통령의 마지막 기도모습 재연.

이승만 : 하나님, 저는 이제 너무 늙고 지쳤습니다.
          사랑하는 우리 민족을 위해 아무것도 할 수
          없습니다. 우리 민족을 하나님께 맡깁니다.
          다시는 종의 멍에를 메지 말게 해 주시옵소서!

fade out -

#. Ending Credit

* 화면 좌측에 이승만 대통령의 시신이 대한민국에 돌아와 많은 인파들이 거리를 가득 메우고, 슬퍼하는 가운데 이승만 대통령의 시신이 장지로 가는 영상이 나온다. *

특별출연 이승만역 임 동 진

각본 / 감독　　　권 순 도

프로듀서　　　　김 재 동

촬영 / 편집　　　권 순 도

내레이션　　　　유 향 희

조감독　　　　　Michael Gorey

촬영감독　　　　최 성 호

주제곡 음원제공　권 혜 진

각본 감수　　　　김 효 선
　　　　　　　　강 휘 중

메이크업　　　　송 은 경

■ PUREWAY PICTURES 제공
인터뷰 / 촬영기록
백 선 엽, 황 장 엽, 손 동 희, 전 자 열, 황 대 형

■ 인터뷰 협조
이인수, 조혜자, 인보길, 김병관, 정일화,
이주영, 권주혁, 신종태, 장삼열, 유지윤,
허영철, 김용삼, 이병령, 이용희, 조평세,
김효선, 노영애, 김재동

■ 자료제공
[이화장], 이인수, 조혜자, [연세대학교 이승만연구원],
[이승만 건국대통령 기념사업회], 문무일, [전쟁기념관],
백선엽, [배재학당역사박물관], 정근모, 정일화,
[권박사 지구촌TV], 김칠주, 노영애,
[대한역사문화원], 김재동, 성상훈

■ 출연 배우
임동진, 주은철, 이준규, 양재원, 윤종훈,
윤다운, 이경천, 송윤모, 전정민, 안웅모,
조현우, 서명택, 송상원, 이명준, 김성민,
Liliental Anastasiia, Liferenko Ekaterina

■ 영화 장면 출처
PUREWAY PICTURES 작품
한걸음, 선처, 약혼, 남도의 백합화

■ 제작지원 ■
거제제일교회, 경기고 나라지킴이, 경동고 31회 애국동지회, 공자학원 실체알리기 부울경본부, 광주십자가사랑교회, 군선교 연합회 부산지회, 군포말씀교회, 그사랑교회, 동두천동성교회, 동현교회, 롯선교회, 리박스쿨, 마산고 구국동지회, 만나교회, 모리아교회, 문현소망교회, 방산학회총원우회, 밴쿠버 에스더기도운동, 부산 나눔의 교회, 부산 세광교회, 부산 통일광장 기도회, 부산 희망찬 교회, 부산세계로교회, 비전교회, 사도행전선교회, 사랑이 넘치는 교회, 샬롬예배공동체, 새부대교회, 생명수교회, 생수교회, 서울사대부고 나라사랑모임, 세계로부천교회, 신자유연대, 아름다운교회, 아산기독교연합회, 아침교회, 양정고 60회 한영복, 연천망양비빔국수, 예종교회, 우남소사이어티, 에스더기도운동, 은평제일교회, 인천통광, 자유민주당, 자유사랑교회, 자유의숲, 제자교회, 지산의원, 참좋은우리교회, 춘천통일한마당, 카이로스 아카데미, 파주주님의교회, 평화교회, 프리덤칼리지장학회, 한국자원봉사 연합회, 한밝교회, 해군사관학교 구국동지회, 현성교회, 화봉교회, 희망찬교회, 강경헌 강미경 강미선 강미숙 강석정 강은영 강재연 강태순 고선영 고재경 고재숙 권순자 권혜영 길창용 김가은 김건용 김 경 김경숙 김경철 김경희 김고은 김기선 김남환 김동식 김라진 김명화 김미영 김민균 김민숙 김선영 김성은 김수연 김숙희 김순애 김영길 김영수 김영신 김영자 김예희 김용구 김용석 김용헌 김우식 김위수 김은애 김이근 김인숙 김재수 김정옥 김종길 김지영 김지은 김지현 김지혜 김현정 김현주 김화평 김희준 나믿음 남경림 남궁미나 노상복 도은자 도태우 류재연 마경훈 문성일 문유현 문은주 문정미

박명자 박문희 박민규 박민정 박선진 박석자 박성결 박용대
박정애 박지숙 박지은 박찬호 박태남 박혜선 박혜원 박희정
방은정 방은지 배순영 백남길 봉미란 서단비 서상무 서선양
서순진 서영준 서회동 석태임 선은수 성백경 성상훈 성지은
소미나 손경은 손지후 손혜영 손효숙 송동향 송시진 송혜정
신금용 신이선 신종태 신현정 심하보 안경문 안창헌
에스더 윤   오진숙 오현석 원선희 유성숙 유성자 유애림
유한정 윤두선 윤명옥 윤미진 윤치환 이경용 이귀형 이규선
이근억 이기쁜 이길세 이명혜 이명희 이무림 이미애 이병세
이새하 이선우 이선이 이성준 이순희 이연심 이영란 이영숙
이용섭 이용식 이우탁 이은정 이의경 이정림 이정아 이정원
이종욱 이현식 이현진 이홍식 이희숙 임양빈 임은란 임재홍
임춘조 장갑덕 장광순 장기성 장기옥 장미혜 장외희 장원익
전소현 전영식 전영옥 전현구 전현상 정기영 정성용 정성현
정소흔 정숙경 정영자 정영희 정정은 정태은 정혜경 정혜영
정효진 조규철 조광연 조민규 조연진 조춘길 주효진 진성율
최경인 최교헌 최부옥 최상해 최 선 최승성 최양나 최윤실
최은경 최재숙 최재은 최지형 추정자 하성숙 하청호 한경희
한동철 한영순 허경순 허승혜 허윤정 허종태 현은혜 홍성주
홍혜미 황광섭 황미용 황영하 황현정

■ 제작협조 ■

김영주 김정주 권혜진 김상남 윤미진 강휘중 김승은
김성민 김경민 서명택 송상원 이명준 남정옥 허영철
이동현 정 남 한인숙 진현정

9. English translation of the film script (영어 각본)

The Origin of Miracles

#1. Introduction. Narration :

Korea has over 5,000 years of history.

However, Korea's history has been stained with blood, while being plagued by poverty and foreign invasion.

Korea's fate seemed like it was destined to continuously be weak and vulnerable. However, there was a person who changed that, the founding president of Korea who performed miracles, Syngman Rhee.

These are the battles and difficulties he had to overcome and the agony that came with them. Let's meet Syngman Rhee.

**Syngman Rhee
(March 26, 1875
 - July 19, 1965)**

#2. Title Montage

#3. Narration :

Syngman Rhee was the first president of the ROK (Republic of Korea, South Korea). People's views on him are very polarizing. Some call him the founding president or the 'father of the nation'. While others think of him as someone who was a 'pro-Japanese' and a 'dictator'.

But how well do we really know Syngman Rhee?

Should he really be evaluated only as someone who was 'pro-Japanese' and a 'dictator'? Let's take a closer look into this now.

Jae-Dong Kim

Jae-Dong Kim :

President Syngman Rhee had two great achievements.

First, founding the ROK (Republic of Korea). The country was first founded on August 15, 1948!
Second, protecting the nation. He introduced the true meaning of 'freedom and equality' to all the people in the ROK.

Bo-Kil Ihn

Bo-Kil Ihn :

One of Rhee's major contributions was creating a national system that helps the ROK join the advanced western countries in upholding liberal democracy.

He enabled Korean people to be liberated from

1) 5,000 years of totalitarian dynasties,

2) Japanese colonial rules.

Jae-Dong Kim :

In the face of major national crisis including civil wars, such as the Yeosun Rebellion and the Korean War, President Rhee led Korea to victory.

Sun-Yup Paik

Sun-Yup Paik (ROK's first four-star General) :

President Rhee was a staunch nationalist and anti-communist.

He was a great leader who revived a devastated country after the Korean War.

Hye-Ja Jo

Hye-Ja Jo (President Rhee's daughter-in-law) : President Rhee worked hard to ensure that Korean people did not starve. Before meals he would always pray diligently, saying "God please allow all our people to be fed too." Not just the Korean people of South Korea, but Korean people in North Korea, China, and Hawaii ...

Dr. Jiyoon Yoo

Jiyoon Yoo :

President Rhee carried out numerous tasks for Korea's independence and prosperity.

During the Korean War, Japan attempted to invade Dokdo. To combat this, Rhee built 'The Line of Peace' to mark Korean waters, and then proceeded to capture Japanese fishermen and their boats that crossed the line. It is said that the Japanese fishermen were given harsh training and admonition during their detention. As a result, the Japanese no longer approached Dokdo.

He also laid the foundation for South Korea's industrial development by signing the ROK-US alliance. He started the mining industry and built fertilizer factories as well as cement factories. By building this infrastructure, he laid the foundation for the growth of South Korea as an industrial powerhouse.

Many cultural, educational, and economic enrichment projects were introduced by President Rhee. The construction of the first nuclear reactor also had a major impact on all developments even to this day.

#4. Syngman Rhee's growth process

Narration :

Syngman Rhee was born on March 26, 1875 in Hwanghae Province.

When he was young, he moved to the capital, Hanyang (Seoul) and started living there.

He was very clever.

He attended Bae-Jae School, founded by an American missionary.

He learned English and modern political ideologies from an early age.

He worked as a journalist and publisher.

#5. Syngman Rhee's life in prison

Narration :

This is JongRo in Seoul where Hanseong Prison was located.

Records show, the young Syngman Rhee was falsely accused of a crime and imprisoned here. Syngman Rhee was captured on a cold winter day in January 1899. He was imprisoned in Hanseong Prison on false accusations and charges.

#6. Narration :

One after another, the prison inmates imprisoned together with Rhee, were executed. When Rhee was being tortured harshly in the prison, he started praying ardently. He had learned how to pray while attending Bae-Jae School and JeongDong Church.

Bo-Kil Ihn :

Missionaries taught him, "If you pray, God will forgive all your sins."
So, he prayed in English, "God please save my soul and my nation."

Jae-Dong Kim :

His first prayer was, "God, save my soul, and please save my country!"

Bo-Kil Ihn :

"At that moment, the prison became bright and my whole body became warm. Without realizing it, I turned into a different person," he wrote.

That is what Christians call being born again by receiving the Holy Spirit.

#7. Narration :

He was imprisoned for 5 years and 7 months.
During this period, the young Syngman Rhee was trained to be a very faithful Christian. He preached to his fellow prisoners and converted many of them into Christians. He even set up a library in the prison.

Around this time, he wrote the manuscript of the book entitled 'Spirit of Independence'. The book clearly reflects the dreams and thoughts of the young Syngman Rhee.

Bo-Kil Ihn :

'If we achieve independence properly, we can build a nation which will be on par with countries such as the United States and the United Kingdom.

It would be impossible to make such a nation without Christianity as its basis.'

'In other words, it is impossible to have the United States' political system, no matter how hard we tried. We could not keep up with Western studies unless we followed Christian values.'

Yong-Sam Kim

Yong-Sam Kim (Journalist, Senior reporter) :

Surprisingly, President Rhee suggested in the early 1900s that Korea should focus on developing its heavy industry.

The book 'Spirit of Independence' contains Rhee's thoughts on what should be done and how to build a country where freedom is guaranteed, and independence is achieved.

In short, the book presented the results of Western intellectuals' accumulated knowledge to support a free democratic system.

The book strived to apply the system to Korea's current situation.

Narration :

During his time in Hanseong Prison, Syngman Rhee studied a lot and left many written records. This book would have been the first English-Korean dictionary if it had ever been published.

#8. Syngman Rhee's life abroad, exile and married life.

Narration :

Syngman Rhee, who was serving his sentence in prison, was released when the Russo-Japanese War broke out in 1904.

Back then, talented people were very rare. As pressure from Japan was getting worse, he was given an important mission and headed to the United States.

Hyo - Seon Kim

Hyo-Seon Kim (Secretary-General of the Association for the Promotion of the Founding Ideology) :
Syngman Rhee went to the United States, initially as an emissary and then ended up studying there. It only took him 5 years to complete all his degrees, including his PhD, which was a great achievement.

After serving as an emissary, he started studying at 'George Washington University' in 1905. He was able to start from his second year as his Bae-Jae School's studies were accredited. Afterwards, he completed his Master's degree at 'Harvard University'. In 1910, when he was just 35, he received a doctorate from 'Princeton University'.

Dr. Pyeong-Se Jo

Pyeong-Se Jo (Ph.D. in North Korean Studies) :
Upon arriving in the United States through support and letters of recommendation from many missionaries, Syngman Rhee had already built a strong reputation.

Thanks to this, he was able to meet many political figures and church leaders without much difficulty, even from when he was a student.

He completed his bachelor, masters, and doctoral degrees in just five years. He must have been busy doing nothing but study.

However, almost once every fortnight, or at most twice a week, he would go to churches or attend conventions and even give sermons or speeches.

Jiyoon Yoo :

It was soon after Korea's colonization by Japan that he returned home after receiving his degree in the United States.

He moved back to the United States again in 1912 to escape Japanese persecution.

After his return to America, he lived abroad for 33 years, fighting for Korea's independence.

Syngman Rhee worked tirelessly to achieve Korea's independence through his diplomatic skills.

Pyeong-Se Jo :

In addition to President Syngman Rhee, there were many great independence activists.

However, among all of them, President Rhee spoke English the most fluently.

Therefore, he was considered the best person at informing Korea's public and English-speaking countries such as the US and the UK about Korea's fight for independence.

Narration :

Rhee's active diplomatic and public relations activities changed America's public opinion about Korea. As a result, an announcement was made in Cairo in 1943, declaring Korea's independence. This announcement provided an important basis for Korea's independence after the US and Allied forces won World War II. While participating in the independence movement, Syngman Rhee met his lifetime companion. Her name was Franziska Donner. She was from Austria.

Hye-Ja Jo (President Syngman Rhee's daughter-in-law) : Franziska was a strong supporter of her husband, not just a simple 'typist' who didn't get paid.

Narration :

Franziska became the wife of a poor independence

activist. While overcoming many difficulties, she became Syngman Rhee's trusted assistant.

Hye-Ja Jo :

My mother-in-law Franziska said, Rhee was so poor while living abroad. On top of this he had to have a lot of interviews with foreign journalists. Because of these interviews they stayed at a famous hotel to protect Rhee's reputation, but they had to stay at the cheapest room there.

Franziska suffered from poverty too. During the independence movement, the cheapest thing to eat was a banana. Around sunset, she would buy some bananas that were on sale.

While doing this she would cover her face in fear that someone would recognize her. She ate so many bananas then that later on in her life whenever she saw bananas, she would say she was sick of them.

Narration :

Syngman Rhee passionately campaigned for independence despite his difficult living conditions. After knowing this can we really say that he was pro-Japanese?

Here is a glimpse into his sincerity through historical records.

Jiyoon Yoo :

This is a passport issued by the Korean Empire government when Syngman Rhee first moved to the United States. It is called 'Jipjo'.

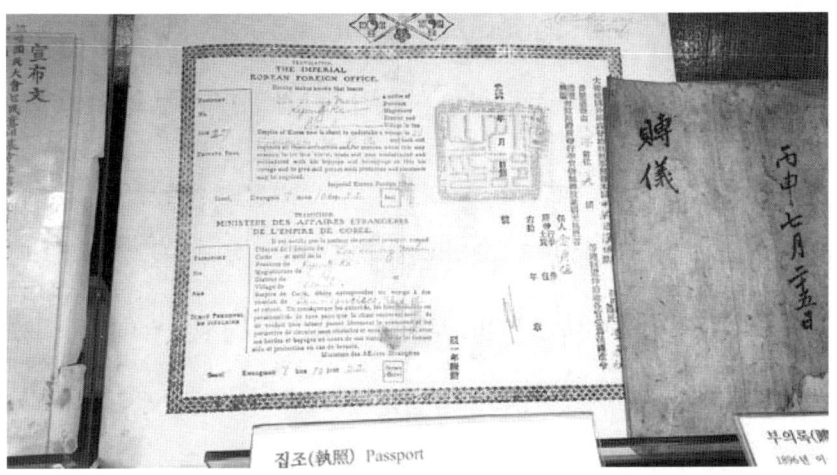

With this passport, Syngman Rhee spent 33 years in the United States.

While he was living there for a long time, he did not obtain an American citizenship.

So, there were times he had to travel to and from countries without a current passport. On his way back and forth, he encountered many difficulties due to his lack of a valid passport.

Jae-Dong Kim :

Dr. Syngman Rhee worked as a stateless person

throughout the Japanese colonial era. Many other independence activists acquired American or Chinese citizenship.

Dr. Syngman Rhee believed that one day Japan would fall, and that one day Korea would be liberated. With this in mind, he worked as a stateless person until Korea's independence.

#9. the pain of founding a nation

Narration :

World War II ended with the victory of the United States and the Allies.

Korea received its long sought after liberation. Syngman Rhee returned to Korea after hearing the news of Korea's liberation while in the United

States. It was from this point forward when Syngman Rhee, who was over 70 years old at the time, faced the biggest fight of his life.

After World War II, winners of the war such as the USA, the UK, Soviet Union, China, etc moved quickly to pursue their own interests.
The Korean Peninsula became a place where continental and maritime powers met during its occupation by the United States and the Soviet Union. Under the excuse of the disarmament of the Japanese military, US troops arrived in the south and Soviet troops in the north.

Prior to this point, the Soviet Union was not a hostile country to the United States. The Soviet Union was considered a friendly partner to the US that helped work towards victory in World War II.

Dr. Joo-Young Lee

Joo-Young Lee (Professor Emeritus, Department of History, Konkuk University) :
America's foreign policy was to resolve all issues through consultation with the Soviet Union. The goal was to establish a left-right joint coalition government in disputed areas.

So, after liberation, the US military government allowed leftists in South Korea to act. The Communist Party was recognized as a legitimate political party.

Hence, left and right-wingers coexisted in South

Korea.

Dr. Syngman Rhee became very disgruntled when asked to establish a coalition government which accepted both left and right-wingers.

Rhee knew that if the left and right formed a coalition, Korea would become a communist country.

The left wing received support from the Soviet Union and had a strong organization. However, the right wing had no organization, and because of this were bound to be split apart and defeated one by one.

Syngman Rhee was so upset about following the policy made by the United States. Their idea was to join together the left and right parties to form a strong coalition government that could get along with one another.

In North Korea, the Soviet military banned all but left-wing activities. However, in South Korea, the Minister of the US Military Government attended a Communist Party rally and even gave a congratulatory speech.

This became a very tricky situation to manage which led Syngman Rhee to feel shocked and flabbergasted.

Narration :
While many countries in the East and West collapsed in front of Soviet communism, Korean people were also meeting such a fate.
After liberation, Korean people had an illiteracy rate

of 80%.

As most were uneducated, the majority of Koreans did not know how to read and write Korean. It was thus an undeniable fact that South Korea was so vulnerable to succumbing to a Soviet-style communist country, as its people had no ability of discerning the differences between ideologies.

Hwang Jang-Yop

Hwang Jang-Yop (Former Secretary of the North Korean Workers' Party) :
When we first achieved liberation, did we know that democracy was good and dictatorship was bad? We did not.

Korea was faced with deciding if we would follow the Soviet Union or America?

Most people had thoughts like this :

'America is good because there is freedom',

'Russia sounds ok too, as everyone works together and lives equally together'.

But North Korea's decision to purse communism would prove to have large consequences in the end.

Ja-Yeol Jeon

Ja-Yeol Jeon (Korean War Veteran, Retired ROK Army Major General) :

Dr. Syngman Rhee is the most outstanding and excellent political figure amongst all politicians. It is no exaggeration to say that the other politicians didn't know anything about communism.

Byungkwan Kim

Byungkwan Kim
(Retired ROK Army four-star General) :
No one other than President Syngman Rhee would have known about that well. Most Korean politicians knew that independence was necessary, but they didn't have a strong idea that Korea should adopt a liberal democratic system.

Ja-Yeol Jeon :
Rhee established the National Assembly and created a liberal democratic country.

That is the greatest of all his achievements.

Byungkwan Kim :

In the case of President Syngman Rhee, he fully anticipated problems with communism, and he had to prepare in advance. There was a lot of opposition domestically, but he pushed his idea with conviction while persuading, or sometimes even suppressing when necessary.

(Reenactment Scene) Syngman Rhee talks to the Korean crowd.

Syngman Rhee :

Communist ideology is unacceptable.

Through common distribution, they control people and suppress freedom, saying they need to manage and control everything to succeed as a society.

How can we coexist?

Humans have a natural desire to be free.

However, as communism deprives people of basic freedom, citizens become slaves.

Narration :

Syngman Rhee's claims were correct. This was initially proven when North Korea started being taken over by the Soviet Union.

Ja-Yeol Jeon :

The Soviet army was filled with ignorant people and many convicts.

Many of these types of people were sent to the front line to die on the battlefield.

At that time, there were people with many goods and there were also many women in the northern region. The Russians robbed people of their valuables and treated women tyrannically.

To protect Korean women, strings with bells were tied around villages. When Soviet troops arrived, they pulled the strings and alerted people to hide away. This was because they were trying to protect the women from the rapists and to help prevent their valuables from being stolen.

Sun-Yup Paik :
Soviet troops entered the North at the 38th parallel.

Using Kim Il-sung as a puppet, the Soviet Union gradually began to implement communist policies into North Korea.

At that time, I was with the great leader Man-sik Jo.
He was captured and eventually went missing because he opposed the communist regime. So, we decided to leave North Korea.
At the end of December of 1945, I crossed the 38th parallel and came to Seoul.

Narration :
Syngman Rhee had much education, knowledge, and overseas experience. At that time, it was difficult to find a similarly qualified person as Rhee. Thanks to this, Syngman Rhee received full support from the people.

He became the first president and founded the country.

President Syngman Rhee founded the Republic of Korea which consists of territory, people, and sovereignty.

Thanks to Rhee's efforts the Republic of Korea was recognized worldwide. However, the process immediately following this founding was anything but smooth.

Narration :
Syngman Rhee had to fight the United States and North Korea while founding the nation.
He also had to fight communists within South Korea.

Leftists and communists in South Korea wanted to communize the Korean Peninsula! Before and after the founding of the Republic of Korea, they started riots in Daegu in October of 1946.

In 1948, they also caused the Jeju April 3 incident and the Yeosun Rebellions. In this way, they hindered the construction of a liberal democratic nation. What other atrocities did they commit?

Yong-Sam Kim :
According to the records of the killings, the communists buried people alive. Communists locked people in their houses and burned the houses down while they were still locked inside.
They plucked out policemen's eyes.
While killing them, they also cut off their tongues, cut their throats etc ...

This type of atrocity is a typical communist tactic. Why do communists kill so horribly?

They do this to showcase the consequences to those who oppose communism. They intentionally choose numerous gruesome methods of killing to get their point across.

Dong-Hui Sohn

Dong-Hui Sohn

(Victim of the Yeosun Rebellion Incident):

The 'Yeosun Rebellion Incident' was originally from April 3 riot on Jeju Island.

People were talking here and there, so I went and overheard:

"Now communists have invaded Yeosu and Suncheon."

"They set fire everywhere."

After hearing this I ran towards Suncheon.

At that time, the road between Yeosu and Suncheon was rough.

Communists acted as if the whole world was theirs.

They sang "Long live the People's Republic!".

Communists with guns and knives travelled around Yeosu and Suncheon in trucks.

If anything was even slightly strange, they would shoot it.

It was a time when a person's life was worth less than the life of a fly. As I arrived in downtown Suncheon trembling, the smell of rotting people and blood ... It was like walking through a living hell. There were mountains of corpses. People searched through the piles of corpses, trying to find their family. There were dead bodies hanging from telephone poles, dead bodies naked, burnt corpses ...

This is the well-known tragedy of the 'Yeosu-Suncheon Rebellion.'

Narration:

The leftist's plan to hinder the founding of the nation ended in failure.

However, South Korea suffered a great shock. Unlike North Korea, which was organized by the Soviet Union. The situation in South Korea was very unstable.

Syngman Rhee was worried. The Republic of Korea

had just been founded, and he was concerned that the ROK would be invaded by the North Korean communists. He requested the stationing of U.S. troops until the ROK Army had the ability to defend the country.

However, as America didn't highly value the strategic value of the Korean Peninsula, US troops left Korea in June 1949.

The Korean peninsula was vulnerable to communists and an armed invasion was planned by North Korea.

As such, things were going in North Korea's favor.

What Syngman Rhee was so worried about soon became a reality.

#10. Outbreak of the Korean War

Outbreak of the Korean War on June 25, 1950.

Dr. Jong-tae Shin

Jong-tae Shin

(military expert / author of military books) :

There was a big power gap between North and

South Korea in terms of military power.

For instance, while the North Korean army numbered 200,000, the ROK army numbered only about 100,000 at the time.
In particular, the North Korean military had 242 tanks. However, the ROK army did not have a single tank.

And in the case of the Air Force, the North Korean military had 211 aircraft. In contrast, the ROK Air Force only had 22 training aircraft.

Narration :

General Sun-Yup Paik received the full trust of President Syngman Rhee and the UN forces. General Paik played a major role during the Korean War.

Even as an old man, he still remembers the miserable scenes of that time.

Sun-Yup Paik :

I remember it vividly. Here are trenches we built decades ago near Mt. Papyoung to defend Seoul. The ROK Army 1st Division fought hard, on this spot, to protect Seoul. Even today, this place is critical to the defence of Seoul.

The North Korean communist army brought 'T-34' tanks.

Before the outbreak of the war, our soldiers had never seen such a tank. We had bazookas and anti-tank guns.

But it was not enough to stop the Soviet T-34 tanks.

We tried to launch close range attacks with grenades and mines, but it didn't work. So, our soldiers would become terrified whenever they saw tanks.

Dae-Hyoung Hwang

Dae-Hyoung Hwang (Korean War Veteran) :

It was my first time seeing a tank. At that time, we only had 2.36-inch rocket launchers and 81mm mortars. But those were useless against tanks.

Even if we shot tanks with machine guns, only sparks flashed.
Since we had no weapons to fight off the tanks, we ran away.

Sun-Yup Paik :

The enemy tanks broke through rapidly towards the ROK's capital.

#11. Narration :

The ROK Army, which was at an absolute disadvantage, was helplessly pushed back by the North Korean army. Even during the crisis, Syngman Rhee insisted on remaining in Seoul.

(Reenactment scene)

Syngman Rhee :

I can't leave Seoul and leave my people behind.

Franziska :

You are the leader of this country.

You must move to safety. If you get caught or killed, our nation will be finished.

Syngman Rhee :

No! I will stay here!

Hye-ja Jo :

Everyone said Rhee had to leave, but if he left, he had to give up on Seoul. He didn't want to do that. However, the North Korean army reached too close to where he was, so he was eventually forced to evacuate.

Dae-Hyoung Hwang :

Dead bodies don't rot in the winter but they do in the summer.

Maggots hatched in the corpses in no time in the summer! It was so disgusting!
Bellies of the dead swelled up and exploded.

Ja-Yeol Jeon :

There was a lot of hand-to-hand combat, and many were hurt during the fighting.

Dae-Hyoung Hwang :

Just because the body is dead doesn't mean it won't get hit again. Bodies would often get hit again by artillery fire and explode.
After the explosion, dead body parts fall indiscriminately. They fall everywhere.

If you get hit by body parts on your shoulders, it gets all over your clothes. There was no place to wash, or fresh clothes to change into,
you were forced to carry the terrible smell of dead bodies on you.

Ja-Yeol Jeon :

Almost all officers were injured. Most of them were killed. The miserable scenes at that time cannot be described by words alone.

Dr. Daniel J.H. Kwon

Daniel J.H. Kwon (Ph.D. in International Politics) :

The Korean War lasted 3 years and 1 month.

For the first year, it was mobile combat, and for the last two years, they fought to occupy just a bit more land around a fixed frontline.

At the beginning of the Korean War, the ROK Army retreated down south to the Busan Perimeter in less than 2 months.

The Republic of Korea was in danger of disappearing. Despite this, the ROK Army continued its fierce battle.

Sun-Yup Paik :

The ROK and UN forces initially went to war against Kim Il-sung's army. Kim Il-sung's army was losing at the Busan Perimeter.

However, General Douglas MacArthur thought that this alone could not solve the problem and carried out the 'Incheon Landing Operation'.

On September 15, 1950, he landed in Incheon.
By stabbing the enemy in the back, we regained South Korea.
The ROK and UN forces advanced north toward the Yalu River and the Tuman River.

At this time, we thought that unification would be achieved through our own hands. However, the Chinese military unexpectedly intervened here.

During the first year of the Korean War, we fought against Kim Il-sung's troops. For the next two years, it was a war against the Chinese army, which became the main force of the enemy.

Narration :

The war that was thought to end quickly went on for a long time.

The cease-fire talks began in July 1951, but it became a very sluggish war. The US and UN forces gradually became exhausted.

Dr. Il-hwa Jung

Il-hwa Jung :

After three years of war, so much money was wasted. On top of that, many people died. About 37,000 Americans were killed in action. About 200,000 people were injured.

If you look at the American soldiers who came to the Korean War at that time, they were high-quality men who would be responsible for the future of the US. There were a lot of students from prestigious universities such as Harvard, Yale, Princeton, etc.

Students from almost all the universities participated in the war. As tens of thousands of students died, the American people thought that it was too much. Their views on continuing the war became negative. Americans didn't want the war to continue. So, the Americans forced the ROK to negotiate a cease-fire hastily.

President Syngman Rhee said, "It's a pity but, we can't have a truce!", holding on strong to his belief that they should win the war for the ROK.

#12. Operation to eliminate Syngman Rhee

Narration:

The US could not continue to sacrifice their young men.

If there was an armistice, then the US military would withdraw.

Then the communist army would surely invade the Republic of Korea again, which was still a weak country!

Syngman Rhee could not end the war like this. The United States, seeing that his will was strong, decided that instead of persuading him, they would put another plan into action.

Il-hwa Jung :

Since president Rhee strongly opposed the armistice agreement, the United States tried to get rid of him. 'Operation Everready' was thus conceived. The person in charge at that time was General Clark.

Clark came as the commander of the UN forces and was in charge of eliminating Syngman Rhee. But first himself had to study whether he should remove Syngman Rhee or not.

Mark Wayne Clark (1896 ~ 1984)

Clark came as the commander of the UN forces and was in charge of eliminating Syngman Rhee.

So, he met Syngman Rhee and said, "You are the president of a liberal democratic country. Nevertheless, the whole world knows you as a dictator. If we are going to war in the name of a dictator, how can we bring peace and security?"

President Syngman Rhee said, "You've got a point." "Do you know what liberal democracy is?" he said. The USA's Constitution has 7 Articles, but the 27 Amendments were added later. After explaining each article, Rhee asked Clark if he knew what Article 1 of the U.S. Constitution was. Straight after asking the question Rhee then said, "There are some things a country cannot compromise under any circumstances".

"Do you know what role the citizens should play?", "Do you know what leaders should do?"
"We must protect the country and the lives of the people", Rhee even explained everything, including the amendments to the Constitution without even looking at the book.

So, even Clark in the end thought that, 'this person is an absolutely extraordinary person!' He thought to himself, 'there is no room for discussion about liberal democracy with this great leader.'
Afterwards, Clark no longer complained about

Syngman Rhee.

Clark explained that the negative public opinion about him was ill advised. Syngman Rhee was an outstanding person even to foreigners!

Jiyoon Yoo :

President Syngman Rhee hoped for unification by advancing to the north, but he found it difficult to realize due to various circumstances.

Dr. Sam-Yeol Jang

Sam-Yeol Jang :

If there was an armistice without unification

between the ROK and the north, the second Korean War would break out sooner rather than later. His biggest worry was what would happen to the Korean Peninsula.

The most effective measure to prevent this was through a defense treaty that would need to be agreed upon and signed between the ROK and the USA.
But, the United States did not agree to this easily.

Jiyoon Yoo :
When the U.S. did not respond positively to this idea, Rhee pushed his idea further by using extreme methods such as 'releasing anti-communist prisoners'.

The US and UN wanted an armistice. They also wanted to step out of the Korean peninsula as soon as they could. Thus, they agreed to most of the conditions that the communists offered.

One of the conditions was to exchange the war prisoners on both sides.

However, President Syngman Rhee insisted that anti-communist prisoners kept in South Korea should not be sent back to the North, but instead that they should be released. Americans didn't take what Rhee said seriously. Then without any notice, Syngman Rhee released the anti-communist prisoners to freedom. This shocked the world.

This meant that the agreement the UN and communists' side had made was no longer valid. They had to renegotiate the whole thing from the beginning. Syngman Rhee showed the world that without the ROK's consent or cooperation, armistice talk was not possible. Since then the US, UN, China and North Korean communists took Rhee and the ROK very seriously.

Il-hwa Jung :

A treaty always involves the mutual exchange of giving and receiving.

At that time, the ROK had virtually nothing to give to the US.

Americans came and fought the war for us and the economy was barely able to survive with their military aid.

The ROK-US Mutual Defense Treaty has six articles.

It says that in the preamble, "To strengthen peace and security in the Pacific region, the two countries have a joint responsibility for defense.

If the United States is invaded, the ROK will help, and if the ROK is invaded, the United States will help the ROK.

Americans were angry when they saw this. Many thought things like,

"Why would we do that when Korea is barely

surviving on our aid alone."

People were thinking that as the United States was the one fighting and helping Korea win the war, that the two countries were not on equal footing. So they thought having a treaty like this was ridiculous for the United States.
There was a lot of people in Washington saying it was unfair.

When we think about this treaty nowadays, it is the kind of treaty that we really should appreciate.

Despite all of the concerns surrounding the treaty, the United States eventually signed it. From the US's perspective, it was unfair and made no sense. Regardless of this, Syngman Rhee made it happen.

Daniel J.H. Kwon :

People often say that the Korean War had no winners and ended in a draw. However, the ROK and UN forces won the war for the following three reasons,

Firstly, North Korean communists invaded the ROK to unify Korea as a communist country, but their goal was not achieved.

Secondly, the territory of the ROK increased by 7% more than before the war.

Thirdly, there were more casualties of the communists than of the ROK military and UN troops.
The damage on the communists' side was about twice as severe.

For these reasons, although it is not a K.O win, the ROK won by decision.

Narration :

Syngman Rhee, about the age of 80 at that time, led the ROK to victory. He also was the key player in getting the ROK-US Mutual Defense Treaty signed.

He solved many problems by persuading the United States.

As the ROK was not able to protect itself alone, it was necessary to seek help from others.

Thanks to this, the ROK could devote its finances and effort into developing the economy.

Syngman Rhee promoted the prosperity of the

Republic of Korea through the ROK-US alliance. The foundation of the future had been laid.

#13. Reenactment - Syngman Rhee's speech

Syngman Rhee :

The ROK-US Mutual Defense Treaty will guarantee our national security.

And through this treaty, we will achieve prosperity

for the following generations. Fellow citizens of North Korea, do not be disappointed!
We will never give up on you!

Sam-Yeol Jang :

What are the benefits gained from the ROK-US alliance? It is easy to think of many.

One major benefit of US troops being stationed in Korea is that despite there being around 3,000 minor disturbances and provocations over the past 70 years by North Korea, North Korea has lost the ability to invade the South thanks to the presence of the US troops and the ROK-US alliance.

The second effect is the economic development that has been able to come to fruition under the aid provided by the US Military, UN military support, and many other countries.

By focusing on economic development, we created the 'Miracle on the Han River'.

The third is related to the modernization of the ROK military.

We maintain a joint service system with the U.S. military and continue to work together. The amount of ROK military officers and executives has risen dramatically.

I believe this is the fruit of the joint work partaken between the US military in South Korea and the ROK military.

#14. The reality of human rights in North Korea

Narration :

Syngman Rhee became president at an old age forgoing retirement and a peaceful life. He had many powerful enemies and many problems that seemed impossible to solve. If he had no passion, nor love for his nation, Syngman Rhee would have not committed so much of his life and effort into protecting the country.

If Syngman Rhee had not existed at that time, what would the Republic of Korea look like today? Maybe it would look just like North Korea.

Ja-Yeol Jeon :

The greatest contributor of our country is Dr. Syngman Rhee.
Why? Because he founded a liberal democratic nation!

Out of all of his contributions and effort, that is his biggest success. Imagine what would have happened without him?

Young-Chul Heo

Young-Chul Heo (North Korean defector businessman) : The communist party took property away from landowners and capitalists to only go and give it out to the workers and peasants ... That's what Kim Il-sung did it at first.

All the rich people had already been forced to become commoners or been executed. Because of this there was nothing more to take way from the people ... It is a contradiction of communism.

As there is no longer anything to take from the rich, those in power have no choice but to take and steal what belongs to workers and farmers.
Having lived in North Korea and South Korea, I wonder which is better for our people between 'landlords & capitalists' and the 'ruling and power class'.

I don't think there is a 'ruling class' in South Korea.
If you work for a certain boss and find out that he is a vicious businessman that doesn't respect his workers, then you don't have to work, and you have the choice to quit.

But things are not like this in communist countries. Even if you don't want to, you must do what the Communist Party tells you to do.

It is much more evil than the 'landowners and capitalist class'.

Hwang Jang-Yop :

Today, the difference between South and North Korea is literally similar to the difference between heaven and earth. They say there are no human rights problems in North Korea, and that is true.

This is because they have no concept of human rights issues.
Which means they don't think any issues relate to human rights.
In North Korea, public executions without trial occur frequently.
So North Koreans don't even think of something as harsh as this as a violation of human rights.

Narration :

In North Korea, Kim Il-sung, who was a puppet of the Soviet Union, and his descendants who follow him are regarded as 'gods'.

As President Syngman Rhee claimed, North Korean people were enslaved.

If North Korean residents do not obey or if they were to oppose the wishes of the Kim family, they would pay a heavy price.

Ja-Yeol Jeon :

These days are there any other countries where power is passed down from grandfather to father and then father to child?

Even after doing that, the regime still survives.

If you oppose the dictatorship, they will kill you or send you to a concentration camp. North Korea appears to have 5 or 6 concentration camps.

If 15,000 prisoners are in each camp, then there would be a total of over 100,000 people.
That is what is happening in North Korea.
It is a complete dictatorship.

#15. contradiction

Narration:

Some people often criticize Syngman Rhee as a dictator.

Those who say so have something in common.
They say they care about human rights and they hate dictators.

It is strange to see that those who say so, are very silent on the issue of the North Korean dictator's family retaining power from generation to generation.

Why is hardly anybody talking about human rights abuse happening in North Korea? Why are they not talking about what North Korean people are experiencing since the 1950s to this day?

They make contradictory statements and actions!

Perhaps what they really want to say is,
"There is no legitimacy to the ROK government that was founded by Syngman Rhee?" or "We must live in a country that has become unified with North Korea regardless of communism."
What are they truly thinking?

#16. Education & Economic growth

Jiyoon Yoo:

At the time of the founding of the nation, there weren't many people like Syngman Rhee in Korea.

He had an excellent academic background and diplomatic skills,

He was a person who knew communism well and could stop it.

A general in the U.S. military once said,

"If there was a person like Syngman Rhee in Vietnam, Vietnam would not have become a communist country."

His remark implies how much Rhee was needed in Korea.

Narration :

After founding a liberal democratic country,

Syngman Rhee made great efforts to foster economic development.

Yong-Hee Lee

Yong-Hee Lee (Professor, Gacheon University) :

After Syngman Rhee took office as the president, two of the most important things that he initiated were: 'land reform' and 'education reform.' These were important to provide a stepping stone for Korea's economic development today.

At that time, about 80% of the people in the ROK were farmers. And about 86% of the farmers were tenant farmers.

Yong-Sam Kim :

The relationship between landlords and tenants is 'once rich, always rich.'
'Once you're poor, you're always poor.'

However, Rhee proclaimed,
'Let's return the land to those who farm it.'

That is, he started a revolution that overturned the relationship between tenants and landowners under the 'principle of economic inheritance'.

Yong-Hee Lee :

Land reform was implemented from the early 1950s.
We have come to learn it was a law for tenant farmers.

According to the law created by the Ministry of Agriculture and Forestry, farmers were to give 50% of their harvest to the government for 6 years. Then, the land would be distributed under their names.

That is, 300% of the year's harvest is paid for over 6 years.

Quite a good deal, wasn't it? However, President Rhee said that was still too much and he lowered it from 50% to 30%.

And the period was shortened by one year.

Only 150% of the annual harvest was required over 5 years.

All the land was handed over to the name of an individual.

Yong-Sam Kim :

People who were poor were given good chances to succeed.
From then on, if you worked hard, you could upgrade your wealth and social position.

Yong-Hee Lee :

By implementing such a good policy, positive response from the public grew. Shortly after this policy was applied, the Korean War broke out.

North Korean communists came and said they would reform the land and give out land to the people.
South Korean farmers did not fall for it.

Yong-Sam Kim :

Secondly, Rhee led the educational revolution to

improve upon South Korea's poor illiteracy rate. For the country's 100-year plan, the most important two things were education and national defense. President Rhee made a lot of effort to achieve these things.

51% of the national budget was invested in the nation's defense. He invested 51% of the entire budget into protecting the country.
17% was invested in the education.

Pyeong-Se Jo :
As soon as the country was founded, it was completely devastated by the Korean War, right? From then on, within about 10 years, he reduced the illiteracy rate of ROK from 80% to 20%, doubling the number of elementary schools and increasing the number of middle schools by 8 times.

It is not easy to find such exemplary examples of development in other developing countries.

Yong-Hee Lee :

At that time, the government put all its effort into building schools.
When I was young, we had 3 groups of students sharing a classroom during different times of the day.
Morning, afternoon, and late afternoon groups.
They ran three shifts to educate children each day.

President Rhee opened the door to national education so that all citizens could become educated. It was mandatory and necessary to produce high-quality human resources.

It is said that he increased the number of college

students by more than 12 times. This resulted in laying the foundation for our country's economic development.

#17. Atomic energy & Heavy industry

Yong-Sam Kim :

President Syngman Rhee had been aware of the fact that, nuclear energy would contribute to civilization for a very long time.

Dr. Byung-Ryung Lee

Byung-Ryung Lee (Ph.D. in Nuclear Engineering) :

In 1955, President Rhee decided that he would

develop nuclear power plants.

At that time, South Koreans only made around $60 per person a year.

Almost the entire population was starving.

In such a situation, developing nuclear power was considered to be either a 'courageous' or 'utterly reckless' idea.

Despite tough criticism, we prepared thoroughly until 1959.

The project he had designed was carried out in a short period of time.

In 1956, the 'Korea-US Nuclear Energy Agreement' was signed.

We decided to sign a contract in just one year and received help from the USA.

The 'Department of Nuclear Engineering' was established at 2 universities in South Korea.

In 1959, a nuclear reactor was imported from the US Research Team for further research to be undertaken in Korea.

Yong-Sam Kim :

Selected students received government scholarships. Rhee trained nuclear experts by sending them to study abroad.

Rhee's government would often do this each time the country made money. He selected experts in their respective fields and sent them to study abroad.

Byung-Ryung Lee :

South Korea joined the IAEA (International Atomic

Energy Agency). And in 1959, the 'Korea Atomic Energy Research Institute' was founded.

It sounds simple but it all required a lot of funding and planning.

However, he laid the foundation for Korea's future solidly within a short period of time.

Yong-Sam Kim :

President Rhee's undisputed contribution to the ROK was that he set the future course of the Republic of Korea through industrialization, by proclaiming that 'we must move forward into heavy industry',

He worked not just through words but through his actions.

On April 4, 1953, a special instruction was given to the Cabinet to 'build a steel plant.' Japanese people ran a small steel mill in Incheon before they returned to Japan after Korea's independence.

This mill was changed to a state-owned enterprise and renamed as 'Korea Heavy Industries Corporation'.

Rhee used this as the basis to build a steel mill in Incheon.

So, he created a 'steel mill construction plan' and submitted it to the US aid authorities requesting aid to build a steel mill.

US aid authorities said, "Why do you need a steel mill right now if your people are starving to death?"

"Hasn't that old man Rhee gone senile?"

The plan to build a steel mill was ignored.

So, he mobilized Korea's own foreign currency and conducted an international bidding war. The company chosen through the bidding war for this was 'Demag' from West Germany. At that time in the steel manufacturing industry, Germany had a strong reputation and were highly skilled.

So, West Germany's Demag company helped Koreans start and run the small steel mill. They built a small furnace and made rebar using the molten iron produced there.
South Korea even started producing steel plates.

So South Korea has been producing steel products since 1959.
Thus through his foresight, Rhee created the opportunity for Korea to export steel products overseas.

Therefore, if this decision had not been made during that time by President Rhee, it would have been difficult to create the legend of 'Pohang Steel Mill'.

Almost every industrial development that happened during the time of President Park Chung-Hee had already been prepared by President Syngman Rhee.

Thanks to efforts during the time of President Syngman Rhee,
we achieved great achievements during the era of President Park Chung-Hee as well. These include recruiting the necessary talent and continuing further education. Through this South Korea gained much needed experience and further developed their skills. Rhee did this for many other fields.

Narration :

Syngman Rhee, who contributed greatly to the founding and developing of the ROK has long been accused of being a dictator by some people. Why do some people call him a 'dictator'?

Jiyoon Yoo :

President Rhee received accusations that he was an elected dictator due to 'a third term constitutional amendment'.

Rhee was elected to his fourth term as president, but his men had committed election fraud, so Rhee was falsely accused of holding a 'rigged election'.

Narration :

As a result, Syngman Rhee was strongly criticized as being a 'dictator'.

Narration:

After the armistice, Syngman Rhee had become very old. And his men tried to satisfy their ambitions for power.

It was a huge blow to Syngman Rhee.

Syngman Rhee was elected to his fourth term as president.

However, his aides for the vice president position made the wrong choice by conducting a fraudulent election.

Jae-Dong Kim :

On March 15, 1960, President Rhee was very old.

His men were concerned about the possible sudden death of the president.

By the law at the time, if the President died, the Vice President would take his place. Which meant the government would automatically change accordingly.

The March 15 election fraud was not caused by the president. The vice-presidential election was fraudulent.

Opposition party presidential candidate, Cho Byeong-Ok, went to the U.S. for treatment but he ultimately passed away.

So, President Syngman Rhee was certain to be elected to a fourth term. Who the vice president would be was a major concern.

During the process of the vice-president election, election fraud occurred under the leadership of the Liberal Party. Demonstrations against election fraud began starting in Masan.

In April 1960, college and high school students, mainly in Seoul, raised their voice and protested the fraudulent election. That's how the April 19 protest occurred. Due to members of the police force shooting students, a sad incident occurred in which about 180 people died.

#18. Reenactment scene

Syngman Rhee stands at his residence, staring out the window.

The secretary standing next to him speaks with difficulty.

Rhee looks out the window. His eyes filled with strange emotions.

Jae-Dong Kim :

On April 21, 1960, President Rhee learned what happened.

It took a while for him to learn what really happened because his men didn't tell him the truth for a long time.

After realizing what happened later than he should have, he went to the hospital to comfort the students injured during the protest.

The students didn't hate him for what happened,

they called him "Grandpa! Grandfather!" They all burst into tears.

Rhee asked, "Why did this happen to our students?"

He praised the students, saying,

"Those who don't stand up for injustice are foolish!"

"You did so well. I am proud of you all!"

After returning home, he lamented by saying, "I should have taken the bullets not our young students."

As a result, President Rhee stepped down.

On April 26, 1960, the President himself decided to resign and aired his decision on the radio.

[President Rhee's real voice: Statement of resignation]

Syngman Rhee :

I shall follow the will of our people.

I would like to announce this to our beloved youth and students.

I heard that our patriotic people have requested a few things of me.

So, I will respond as requested.

But first, one thing I would like to ask you all to remember is that North Korean communists might invade us again. Always keep in mind that the communists are waiting for you.

I hope that you will do your best not to give them a chance to invade our country again. If the people want it, I will do what they want and I will resign from office.

Secondly, since it is said that there was a lot of fraud in the previous presidential and vice-presidential elections, I have ordered a new election ...

Ja-Yeol Jeon :

Immediately after his resignation, the students who were protesting wailed in despair.
They didn't expect President Rhee to step down right away.

Rhee immediately resigned, saying, "I did not know the will of the people." He was a great person. He should be highly praised.

Julia Roh

Julia Roh :

Usually when you look at 'dictators', their personal interest become a nation's top priority. Dictators use their power to exploit their people.

Many dictators idolize themselves.
Statues are erected everywhere for this purpose.

However, it is hard to see any of these traits from our founding president, President Rhee.

Jiyoon Yoo :

Even when he was serving as president, he lived a very frugal life. When he stepped down from his presidency, he withdrew immediately, saying he would do what the people wanted him to do.

After leaving Korea and going to Hawaii, he had a

very difficult life regarding finances.

#19. Syngman Rhee goes to Hawaii.

Narration :

By then, Rhee was in his mid-80s.

At his wife's recommendation, he left for Hawaii for recuperation.

He intended to stay for about 2-3 weeks in Hawaii. But the length of stay was unexpectedly extended. Syngman Rhee had a biological child with his first wife.

He lost his son to an infectious disease and later he adopted one.
But his adopted son had ended his life by suicide.

Thus, Rhee had no descendants. Because of this, during the time he was in Hawaii, he adopted 'In-Soo Rhee' at a late age.

In-Soo Rhee took care of Syngman Rhee in Hawaii during his later years. They often talked about the current issues of Korea.

(Reenactment scene)

A conversation between Syngman Rhee who is sitting in a wheelchair, and his adopted son In-Soo Rhee.

Syngman Rhee :
What is the current situation in Korea?

In-Soo Rhee :
There are a lot of patriots, and they are hardworking, so things are going well.

Syngman Rhee :

Is that so? But you shouldn't believe when other people say that things are going well. Korea has become divided! Things in Korea are not that simple and easy like that.

In-Soo Rhee :

Yes.

Syngman Rhee :

Is there anyone in South Korea who is taking action for the unification of two Koreas?

In-Soo Rhee :

I think it is the wish of all our people.

Syngman Rhee :

What is the point of only wishing about it?

If only I had made a fuss about unification, shouldn't someone else take the initiative in trying to unify the country?

My wish is to walk to Mt. Baekdu.

#20. The South Korean government blocked Syngman Rhee's return to Korea.

Dr. In-Soo Rhee

In-Soo Rhee :

Every time I saw my father, he said,

"I want to see Korea become unified."

"I also feel resentful that I have to live in a foreign

country."

He often said he had to return to his home country as soon as possible.

Narration :

While indefinitely waiting for the day he would be able to return to his nation from Hawaii, Syngman Rhee became anxious.

For some reason, the Korean government blocked Syngman Rhee's return to Korea.

Syngman Rhee's wife and his adopted son In-Soo Rhee were unable to tell the truth to Rhee in fear of his reaction.

At that time, Syngman Rhee was saving up money to travel to Korea. He even saved money on his haircuts.

In-Soo Rhee :

When he heard that we were going to buy plane tickets to go to Korea, he was as excited as a small child. He was like a child receiving a birthday present. My mother, Franziska, felt the same.

But the South Korean government tried to stop him from returning. I got a call from South Korea early in the morning.

They said that they were blocking his return to Korea.
I was furious. 'How can this be?' I asked.

On the morning of our intended departure, Syngman Rhee still did not know that his return was blocked.

At 9 o'clock in the morning, the Korean Consul General in Hawaii came to our house. My father sat on the sofa, I sat next to him,
I held his right hand just in case he would go into shock.

The Korean Consul General's story was that, "The ROK government has instructed us to postpone your return to Korea." My father never even thought about the possibility of his trip being postponed.

Ordinary people would have expressed their extreme disappointment.

But my father said, "No matter who does the work for the country, they should do a good job for our people." The consul general heard what Rhee had to say and then left.

Narration :

After Syngman Rhee learned he was unable to return to Korea, he was in great shock. His health started to deteriorate fast day by day.

In-Soo Rhee :

Hospital doctors often asked my father,
"What are you thinking so hard about?"
"Doctor Rhee, do you still plan to return to Korea?"
My father replied, "Of course, Of course I do!"
People at the hospital were surprised to hear this.

He always looked to where Korea was and said,
"That over there is where we Koreans live!"
"Now is the time when the yellow rice heads would ripen."

#21. Reenactment – Syngman Rhee looking across the sea and missing his homeland.

Syngman Rhee :

The Republic of Korea is over the sea in this direction.

Koreans should always have a good harvest, and they should always be fully fed. Koreans should be happy. My last wish is to die in Korea.

Franziska : ... (without saying a word, patting Syngman Rhee's hand and comforting him)

#22. The Last Interviews

In-Soo Rhee & Hye-Ja Jo :

There is a song that Franziska taught us.

She sang it at my father's hospital bed in Hawaii.

Dr. In-Soo Rhee
with his wife
Hye-Ja Jo

'Every day, every day,

Kimchi stew and Kimchi soup.'

'Every day, Tofu stew and Tofu soup.'

'Every day, soybean paste stew

and soybean paste soup.'

'Pollock stew, Pollock soup every day.'

These were the lyrics. Franziska could not cook the

dishes for him in Hawaii, so she made up this song instead and sang it for Syngman Rhee.

Narration :

Even though his body was in Hawaii,

Syngman Rhee's heart was always in his home country.

Syngman Rhee prayed for Korea until his last breath.

#23. Reenactment - Syngman Rhee praying

Syngman Rhee :

God, I am so old and worn out now.

I can do nothing for our beloved people.

I entrust our people to you God.

Please let them never become helpless slaves again.

fade out -

Dong Jin Im as Syngman Rhee

Written, Directed, Edited by Paul Pure Way Kwon

English Translation by Sook Hee Shin
                       & Michael Gorey

English Translation edited by Christopher Maslon
                                    & Nathan Simpson

Ending Credits in Korean

                         © 2023 PUREWAY PICTURES

10. 광고와 차기작 후원자 명단 (2024년 7월 기준)

강정현, 강철희, 갱지노트TV, 계충순, 고경자, 고보경, 고진수, 고형옥, 공문빈, 광원푸드, 구영숙, 구현, 권오성, 권오형, 권은희, 권인영, 권택동, 극동방송, 금미화, 김경환, 김계숙, 김광혁, 김귀숙, 김덕숙, 김동구, 김동일, 김미주, 김민주, 김병성, 김보경, 김서은, 김선, 김선옥, 김성례, 김성미, 김세천, 김숙향, 김순연, 김순옥, 김영삼, 김영주, 김영지, 김영진, 김영희, 김옥주, 김용기, 김용인, 김유정, 김유훈, 김윤숙, 김윤정, 김윤지, 김은석, 김은아, 김은영, 김은형, 김은희, 김정미, 김정원, 김정주, 김정현, 김종란, 김종원, 김주현, 김준후, 김준희, 김지은, 김지혜, 김진숙, 김진순, 김진희, 김태규, 김하역, 김현숙, 김현주, 김효성, 김희수, 남중호, 남진선, 남침땅굴탐사대, 남효석, 노영우, 대한기독교여자절제회, 도은숙, 도지찬, 도혜숙, 류영선, 류예지, 문경자, 문은정, 문정미, 문태현, 민선영, 박명옥, 박미란,박상희, 박선희, 박수정, 박수현, 박애린, 박에스더, 박영남, 박영숙, 박은희, 박준서, 박준희, 박태남, 박현미, 박혜숙, 박호식, 박희경, 박희정, 배인철, 배한나, 백서연, 변백숙, 변영심, 변은진, 서은희, 선구자방송, 손명희, 손옥향, 송민재, 송보영, 신금화, 신기봉, 신기석, 신성철, 신숙희, 신왕식, 신윤정, 신정아, 신종태, 아태신, 안명지, 안상숙, 안소형, 안인순, 안정수, 안혜진, 양인숙, 양정영, 양춘기, 엄준영, 엄현일, 엄형식, 여명수, 영복음구국재단,

오영하, 오현석, 옥수인, 온빛교회, 우리공화당, 우인애,
원동진, 원추리, 위금숙, 유관모, 유승희, 유은미, 유정선,
유지윤, 윤기태, 윤영선, 윤주용, 윤혜송, 윤혜인, 이가혜,
이경숙, 이경애, 이경옥, 이경훈, 이광진, 이교선, 이규명,
이금화, 이길세, 이길종, 이남규, 이명선, 이미강, 이미숙,
이미일, 이미정, 이병규, 이보라, 이삼순, 이상덕, 이상조,
이성희, 이세나, 이순돌, 이순례, 이승준, 이영란, 이영수,
이용진, 이용화, 이윤규, 이윤호, 이윤희, 이은주, 이인호,
이자형, 이정해, 이채원, 이현주, 임금례, 임성숙, 임소현,
임영주, 임종현, 장미애, 장민아, 장병호, 장봉식, 장세영,
장연정, 장원익, 장흥수, 전경숙, 전명갑, 전혀정, 정동숙,
정미경, 정미영, 정수민, 정수희, 정숙경, 정유정, 정은미,
정인숙, 조상숙, 조상호, 조승원, 조영숙, 조용흠, 조은경,
조종호, 조하정, 조현주, 조홍화, 중앙예루살렘교회,
지선숙, 지 초, 진지혜, 차정미, 최광찬, 최덕현, 최명숙,
최연미, 최원영, 최 윤, 최윤자, 최윤희, 최인숙, 최재숙,
최지안, 하이손, 한경화, 한낙동, 한만숙, 한상훈, 한성규,
허영숙, 홍도현, 홍미정, 홍소영, 홍승모, 홍주희, 황미선,
황해인, 황해정, 황현숙, 황형준, QUATTLEBAU

감사합니다

MEMO

기적의 시작
건국대통령 이승만의 일대기

초판 1쇄 인쇄 2024년 8월 8일
초판 1쇄 발행 2024년 8월 15일

지은이 : 권순도

펴낸이 : 권순도

펴낸 곳 : 퓨어웨이 픽쳐스 출판부

출판등록 : 제312-2010-000021호

서울 서대문구 서소문로 45
SK 리쳄블 빌딩 1002호

전화 : 070-8880-5167

e-mail : hc07@daum.net, urmovie@naver.com

ⓒ 2023 권 순 도

ISBN: 979-11-983862-2-9(03300)

* 책값은 뒤쪽 표지에 있습니다.

영화제작 후원계좌 :
기업은행 087-048462-01-021 퓨어웨이 픽쳐스